新媒体环境下高职院校
校园文化建设研究

陈红媛　黄乐佳　著

吉林出版集团股份有限公司 | 全国百佳图书出版单位

图书在版编目（CIP）数据

新媒体环境下高职院校校园文化建设研究 / 陈红媛，
黄乐佳著. -- 长春 : 吉林出版集团股份有限公司，
2022.10

ISBN 978-7-5731-2623-8

Ⅰ.①新… Ⅱ.①陈… ②黄… Ⅲ.①高等职业教育
—校园文化—研究—中国 Ⅳ.①G718.5

中国版本图书馆CIP数据核字(2022)第195665号

新媒体环境下高职院校校园文化建设研究
XINMEITI HUANJING XIA GAOZHI YUANXIAO XIAOYUAN WENHUA JIANSHE YANJIU

著　　者　陈红媛　黄乐佳
出 版 人　吴　强
责任编辑　孙　璐　王　博
开　　本　710 mm × 1000 mm　1/16
印　　张　11
字　　数　200千字
版　　次　2022年10月第1版
印　　次　2022年10月第1次印刷

出　　版　吉林出版集团股份有限公司
发　　行　吉林音像出版社有限责任公司
　　　　　（吉林省长春市南关区福祉大路5788号）
电　　话　0431-81629667
印　　刷　三河市嵩川印刷有限公司

ISBN 978-7-5731-2623-8　　定　　价　48.00元

前　言

　　校园文化是学校发展的灵魂,是凝聚人心、展示学校形象、提高学校文明程度的重要体现。校园文化对学生的人生观、价值观产生着潜移默化的深远影响,而这种影响往往是任何课程都无法比拟的。高校的办学水平,始终与其校园文化建设的水平息息相关。高校管理与校园文化建设主体相同,相因相生,但各有侧重。

　　本书共分为九章。第一章主要介绍了高职教育的类型特点、校园文化的基本内涵和特性以及校园文化建设的重要性。第二章讲解了高职院校校园文化建设的指导思想、总体要求和基本原则。第三章讲解新媒体分析了环境下高职院校校园文化建设发展的现状。第四章为新媒体环境与多元化视角的高职院校校园文化建设。第五章具体介绍新媒体环境下高职院校文化建设的主要内容。第六章至第九章分别为新媒体环境下优秀文化传统、校园文化活动、廉洁文化建设、网络文化与高职院校校园文化建设的关系。

　　由于校园文化建设工作涉及的范畴比较厂,需要探索的层面比较深,作者在撰写的过程中难免会存在一定的不足,对一些相关问题的研究不透彻,恳请前辈、同行以及广大读者斧正。

陈红媛

2022 年 1 月

目 录

第一章

高职院校校园文化建设

第一节 高职教育的类型特点

一、类型特点

从历史的发展看,大学经历了从知识传播、学术研究、社会服务和文化引领的演变,承担着人才培养、科学研究、社会服务、文化传承四大任务。随着高等教育结构体系的不断丰富和稳步向前,随着新型工业化的推进和科学技术的发展,中国高等职业教育应运而生,异军突起。新的战略定位,使其在国家人才培养体系中发挥着越来越重要的作用;新的价值追求,又使它在大学化进程中迅速蜕变、崛起,走上了可持续发展的道路;它新的培养目标,立足于服务区域经济,从而为国家培养了一大批高素质、高技能人才。它有为、有位的价值追求,与时俱进的进取精神,独特的育人模式和多元包容的文化特色,形成了独一无二的类型化特点:

1.引领劳动光荣、技能宝贵、创造伟大的时代风尚;

2.以服务发展为宗旨,以就业为导向的办学方针;

3.产教融合的教育理念;

4.培养高素质劳动者和技术技能人才的育人目标;

5.校企合作、工学结合、顶岗实习、知行合一的人才培养模式;

6.专业性与职业性融合的课程体系;

7.教学一体化,学以致用、用以促学、学用相长的教学模式;

8.政府引导、行业企业深度参与,政行企校对接融合的发展平台;

9.双师素质及双师教学团队建设。

二、文化自信

人们在生存和发展中形成的并通过各种活动表现和传承的价值观念、优秀传统、行为方式、知识体系、规章制度、语言符号、风俗习惯。它在思想认识、教育引领、规范自律等方面影响着人们的文化心理、思想行为走向文化自觉。

高等职业教育具有独特的教育类型特点,也具有别具一格的类型文化形态。围绕面向现代化、面向世界、面向未来的民族的、科学的、大众的社会主义文化方向,高等职业教育坚持类型化的文化发展之路,主动适应经济社会新常态,在文化变革中勇于探索,以一往无前的创新,形成了兼具教育特征和行业企业特色的文化形态。这种形态,不是一种静态的文化现象,而是一种动态的文化变革。高职特色鲜明、充满活力的文化类型,必将成为昂扬职教人文化自信的不竭动力。

(一)从精神文化视角看

高职校园文化具有独特的价值体系和价值追求,应坚持立德树人为根本,培养和践行社会主义核心价值观,坚持产教融合的职教理念,牢固树立增强本领、服务群众、奉献社会的职业理想,重视培养崇尚劳动、敬业守信、创新务实的职业精神,自觉将爱岗敬业、精益求精、执着坚毅等职业品格,融入学院发展的顶层设计和思想文化建设中,以弘扬中华优秀传统文化和现代工业文明为己任,形成以德为先、追求技艺、重视传承的优良传统。

(二)从制度文化视角看

应以制度建设为保障,通过知行合一的行为文化建设,坚持内涵发展道路,立足于关注学生职业生涯和可持续发展需要,建章立制。在宏观层面,从针对性、规范性、可操作性、可持续性角度,国家陆续出台了一系列关于加快发展现代职业教育的相关文件和政策,这也是校园文化建设的根本准绳。在微观层面,从大学化进程中,高职院校自身的制度建设正在有序推进,规范化建设取得了长足进步。如将文化建设融入学院发展规划、人才培养方案、校园环境建设等就有了制度性保障。例如:围绕立德树人、提升素养的特色文化建设就能做到内涵丰富、多姿多彩,围绕基于工作过程的行动导向,通过任务驱动、项目导向、案例解剖、仿真实习的课程文化建设就会有声有色。

(三)从物质文化视角看

应始终坚持具有职教特色的物质文化建设,这样融合产业行业文化的校园环境就别显风采。例如:实训中心、实训基地(室)坐落于静谧的校园,可传达工业文化的阳刚气息和规整的空间品质。它独特的视觉传达,由内至外地散发着的职业文化气息,都无声地影响着学子们的价值取向以及对职业的认同。

因此,高等职业教育作为促进全体劳动者可持续职业发展的教育类型,其独特的文化价值体系是基于它特殊的历史文化渊源和广泛的现实基础,基于它国家使命的担当。当劳动托举中国梦成为高职人共同的价值追求时,为国家培养高素质技术技能型人才的责任,会使他们在文化的传承、传播和创新中,以更加自觉和自信的文化态度,去探索一条独特的类型文化建设之路。

三、高职校园文化的思考

校园文化是社会意识形态的反映,它带着强烈的学校教育意志,是学校在长期的育人实践中形成的稳定价值取向。因此,从文化的功能看,以文化人,既是价值观,又是方法论,二者在思想内容方面具有内在的逻辑联系。高职校园文化建设作为一项系统工程,涉及理念、思路、模式、方法等诸多因素。正如写文章一样,谋篇布局时,必须围绕提出问题、分析问题、解决问题的思路结构原则,处理好立意与选材、思路与结构的关系,讲究立意高远,思路清晰,结构合理,选材典型。文化建设亦然,高屋建瓴、确定理念是关键,理清思路、统筹谋划是前提,形成模式、整体推进是重点,确定方法、有效开展是保障。

(一)理念

从校园文化建设的逻辑起点看,理念须先行,是先导。好比写文章,要使文思畅通,关键在立意。从文化建设自身看,理念是文化建设的思想,是文化发展的方向,是文化推进的根据。理念的高远决定着文化建设的高度和持续推进的深度。从职业教育育人功能看,高职教育发展的最高境界是走向文化自觉。将文化作为高职院校发展的内核,确定"以文化人"的建设理念,由此制定自上而下的文化建设规划,是文化建设的立足点和发展方向。

(二)思路

思路决定出路,它是文化建设的思考线索或发展脉络,是按照文化建设的逻辑,围绕文化内部规律和建设方向,找出其必备的若干要素,并掌握这些要素的内在联系所形成的脉络,是有条理、有秩序、有步骤地组织推进的思维过程,朱自清先生曾将思路比作文脉。好的思路具有纲举目张的作用。"纲"指的是文化建设的理念,具体是指价值观;"目"是指文化内涵的各主要环节。在此前提下,开阔视野,研判高职文化的现状,找到差距,理清思路,必须紧紧抓住思想、脉络、结构三个关键要素,如此方能实现提纲挈领的目的。思想即是文化建设的理念,脉络是文化建设的路径,结构布局则形成了思路实现的骨架。构建精神、制度、物质三位一体的校园文化体系建设思路具有如下的共性:

一是新常态下的高职校园文化建设,将面临新的挑战和新的机遇。加快发展现代职业教育成为与新型工业化、信息化、城镇化、农业现代化建设同步发展的制度性安排,这给职业教育的育人质量和育人规格提出新要求。因此,思考文化的发展,必须在构建的初始阶段里,就理清文化发展的头绪和条理,找准贯穿的红线,确定好科学的路径,搭建好建设的载体,这样之后方能有条不紊地开展文化建设。

二是从教育综合改革背景出发,要求高职校园文化建设必须具有更广阔的视野。在向市场寻求资源的过程中,高职院校自身必须在文化思路上有清醒的认识,主动找好产教融合的结合点,在文化对接上,通过产业文化进教育、企业文化进校园、职业文化进课堂,将产业、行业、企业、职业文化有机融入校园文化,形成共同的文化语境和利益交集,实现互利双赢。

三是正确处理好文化活动和课程文化建设的关系,坚持以丰富的文化活动为基础,以课程文化建设为关键,针对学生人文素养缺乏的现象,强化通用能力培养。在思路上,要把优化课程结构作为文化建设的重要环节,抓住课程这个文化内涵建设的关键,处理好提升素养与培育技能的关系。在课程开发中,坚持以高度的文化自觉,重视公共基础课在学生文化素养养成中不可或缺的功能。通过文化通识教育,形成学生以职业素养为核心的可持续职业发展能力。

四是高职教育超常规发展,成效有目共睹,其类型化特点已基本形成。但文化建设缺乏有深度的理论研究,一些看似轰轰烈烈的文化活动,大多只停留于外在的形式,有的甚至形式大于内容,而未触及思想、课程等核心文化。基于此,遵循文化建设的发展脉络,高职人仍需在传承与创新的文化实践中,以理清思路为重要抓手,不断探索,总结经验,积极应对在体制机制创新中产生的文化变革,为高职校园文化建设实践提供有深度的理论成果和智力支持。

(三)模式

模式指文化建设的标准形式或使他人可以参照的标准样式。它是文化实践的高度概括和理性思考中抽象出来的普遍规律,具有可操作性和推广价值。

从这个角度看,模式是研究的范例,也是指导开展系列活动的方法。古人云:"不谋万世者,不足以谋一时;不谋全局者,不足以谋一域。"模式建设,其实质是根据国家要求以及学院需求的有关文化建设格局的规划。从外在形态看,它关乎结构或布局,注重各组成部分搭配与排列是否科学、条理是否分明,讲究谋篇布局。从内在逻辑看,它涉及方向、维度、内涵等要素的确定、搭建、选择,需要运筹帷幄。因此,模式构建必须注重思想的条理,并一以贯之;重视维度的确定,多管齐下,实行立体化推进;强化内涵和载体的优质性,既要承载青春的纯正品质,又要能引起广大学生的心音共鸣。

(四)方法

"取法其上,仅得其中,取法其中,仅得其下",这是方法的辩证法。成功＝艰苦的劳动＋正确的方法＋少说废话。这是讲方法的重要性。如果要将以文化人作为方法论,制定校园文化建设的整体规划,强化校园文化的价值功能,那么就需要内涵的支撑和技术品质的保障。

1. 寻找依据,理论支撑

校园文化犹如万花筒,缤纷多彩,内容丰富,必须坚持正确方向,提炼价值内涵。"他山之石,可以攻玉",坚持以科学理论为引领,构建文化建设体系,自觉引入其他学科领域的理论研究,从不同视角指导校园文化建设应成为工作开展的重要切入点,如企业管理之 CI 理论就可为我们提供方法论上的重要法宝。

2. 循序渐进,久久为功

文化建设是一个"化成"的过程,必须按照一定的步骤逐渐深入地展开。在时间上,有循序推移中文化的熏陶,以量的积累实现质的变化。在空间转移里,不同文化载体的共振所形成的活力,实现着多维育人的目标。久久为功是指在渐进的过程中,用文化的博大,通过浸润的方式,以润物无声的力量,锲而不舍、持之以恒,在潜移默化中提升学生的综合素养。

3. 因地制宜,突出特色

将校园文化的本土化纳入方法范畴,是属于技巧的问题。应以融入地方文化特色作为切入点,通过巧思,将地域的价值取向、风俗习惯、审美追求、人文环境等,导入高职校园文化建设,以保证它的鲜活和接地气。常言道:一方水土养一方人。独特的文化土壤中生长的本土文化,一定会给高职学院打上别具一格的精神印记,使之逐步形成高职教育独具魅力的文化品格。

第二节 高职院校校园文化的基本内涵和特性

一、高职院校文化校园的基本内涵

(一)文化

我们今天使用的"文化"一词,来源于拉丁文 Cultura,意思是耕作、培养、教育、发展、尊重等。也就是说它最初是指土地的开垦及植物的栽培,后来指对人的身体和精神发育的培养,再后来才进一步指人类社会在改造自然和发展自我中所创造的物质和精神财富。

文化或文明,就其广泛的民族学意义来说,乃是包括知识、信仰、艺术、道德、法律、习俗和任何人作为一名社会成员而获得的能力和习惯在内的复杂整体。文化是历史上所创造的生存式样的系统,既包含显性式样又包含隐性式样,它具有为整个群体共享的倾向,或是在一定时期中为群体的特定部分所共享。尽管说法有多种多样,但是看得出来其中有些基本和共同的东西还是比较一致的。

1. 文化即人化

从哲学上来讲,文化即人化,包括世界的"人化"和人自身的"人化"即"化人"。所谓"文化即人化",意思是文化指人们按照一定标准去改变环境、发展自己的活动及其成果。换句话说,文化是人追求和享有一定的价值成果,并通过实现这些价值来更新和发展自己的存在方式和存在状态。人在认识和掌握客观规律的基础上,把人的品质赋予到自然的身上,把自己的要求、理想、意向等通过创造变为现实,这就是"文化"。更进一步说,"人化"意味着在人的作用和干预下,世界有了某种意义,有了一套价值坐标。"人化"的过程凝聚了人的需要、目的等价值内容。人要从中实现和体验真、善、美、利益和幸福、和谐和自由、崇高和神圣等价值。这是人改变自然的动机和动力。因此从内容方面看来,我们有理由把"价值"看作"人化"的精神实质,是文化的核心。人类因为追求、创造和享有一定的价值系统显示出文化,文化因为有价值渗透于其中而具有了人的特色。

2. 文化即社会化

"人的本质并不是单个人所固有的抽象物,在其现实性上,它是一切社会关系的总和。"人的"向文而化"意味着人充分的社会化,意味着个人通过介入社会、生存于社会,通过教化、教育,获得社会认可的社会角色、知识系统、价值标准、行为模式等等,发展起自己的文化性格和价值系统,从而被"化"为现实的、完整意义上的人。

3. 文化的重要性

文化的"人化"和"社会化"特点决定了文化的重要性。"文化"的"人化"特点阐明了一个重要的道理:人类的个体要发展、进步,要获得在社会内部的生存能力、发展权利,就必须要对自身进行"文化"。这种"文化"包括具有"人性化"的、各种知识、素质、理想、道德等等。而要获得这些"文化",实现人的"文化"化,就需要由社会对其进行持续的训练和熏陶,也就是教育。人通过有目的的系统教育而被社会所"文化"。现代人一生要接受系统的和有目的的教育训练:小学教育、中学教育、大学教育,更有的要接受研究生阶段的教育和各种职业培训、终身教育。我们通过学校、老师、书本、课堂、实验室、图书馆,等等途径和手段,得到知识、价值观念、方法、技艺等的训练,接受社会取得的既有的成果,这就是在接受文化,被社会文化所"化"。正因为如此,人们把读书识字、学习知识叫作"有文化"。文化的"社会化"特点表明,人的本质的形成,意味着人们之间形成一套复杂的社会关系。只有建立社会关系、进行社会交往,才有人的发展,也才能创造文化。文化之为文化,就体现为人的社会系统——经济关系、家庭关系、伦理关系、法律关系等的形成。这些社会关系既是客观条件决定的,又是各个国家、民族和人民的具体创造。

(二)大学文化

如前文所述,无论从人还是从社会两个角度来观察,"文化"都具有无比的重要性。进一步讲,无论是人要"文化"化,还是社会要"文化"化,其前提都只有一个,那就是通过对人的个体进行训练、熏陶,进而通过千千万万个具备了正确的理想、道德观,获得了熟练的知识技能的人类个体组成良好的各种社会关系系统——"从理论上肩负起引领世界文化潮流,朝着合乎人类理性的方向发展的使命"和"从实践上即文化的传承与创新、文化的沟通与交融、人才的培养与交流等方面,为本国文化和世界文化的发展做出贡献",这样才能实现其"文化"的目标。如此看来,以训练和熏陶人类为职责的大学,就天然地成为文化的薪火传承之地;一所大学自身的文化建设因此而成为衡量其能否完成"文化目标"

的重要标志。

1. 大学文化的形成

大学文化,在传统的语境中,人们习惯于用"大学校园文化"来指称它。作为社会文化系统的组成部分,它"是大学思想、制度和精神层面的一种过程和氛围。是理想主义者的精神家园,是大学里思想启蒙、人格唤醒和心灵震撼的因素的结合体""是知识、能力、人格的升华和结晶",是以全体师生员工为主体,以课内和课外文化思想活动为主要内容,以大学校园为主要空间,以校园精神为主要特征的一种群体文化。是一种特定的精神和环境氛围,既包括校园建筑风格、景观设计、绿化美化等物化形态的内容,也包括学校的传统、校风、学风、人际关系、集体舆论、心理氛围,以及学校的各种规章制度和学校成员在共同活动交往中形成的行为准则,等等。它是大学在长期办学实践的基础上通过历史的积淀、自身的努力和外部环境的影响逐步形成的一种独特的社会文化形态,是大学精神文化、物质文化、制度文化和环境文化的总和,也是人类先进文化的重要组成部分。它具有理想性、互动性、渗透性、传承性等特征。

人们习惯于将高等教育(包括本科和专科)称为大学教育,因此大学文化就是关于高等教育机构文化内涵的统称。高职院校(主体指专科层次教育)文化是大学文化的一个分支,它具有大学文化的普遍性,也有职业教育的特殊性。

大学既是人类文化发展到一定阶段的产物,又是人类社会传承文化、创新文化和以文化育人的基本文化机构;同时,大学文化也就孕育在大学的缘起和发展过程之中。大学大发展的必然趋势是不断融入社会,与社会的关系越来越密切,特别是"人类收获着前所未有的物质成果,却发现精神成果的收获与之不相匹配,甚至出现了各种各样的问题。这种情况困扰着、阻碍着人类文明的前进脚步"的时候,"改变这种情况需要大学,也呼唤着大学,大学应当自觉地肩负起自己的文化使命"。

2. 大学文化的属性

大学文化,表现为体现学校特色和精神的优良传统、校训校风、人文精神和科学精神等,它虽然看不见也摸不着,但它一旦形成,就建立起自身的行为准则、价值取向、生活习惯和规范体系。它可以通过各种文化仪式来引导群体成员的行为、心理,使其在潜移默化中接受共同的思想引导、情感熏陶、意志磨炼和人格塑造,产生一种巨大的向心力和凝聚力;也可以对学校师生员工起着思想上和行为上的约束作用,使他们自觉地正视道德冲突,解决道德困惑,明辨是非界限。它的形成、传播和发展,充满着创造活力和创新精神,能激励学生探索奥秘、增加求知的自觉性和解惑的主动性,促进大学生创新能力的培养。大学文化有以下三大属性:

(1)追求真理,严谨求实

作为大学精神的校训,是学校历史和文化的结晶,也是对学校特有的文化内涵的一种简练表达。以其独创性、能动性和自主性精神激励着一代代莘莘学子孜孜以求,成为高等教育生存与发展的动力,也成为昭示社会的力量。

(2)追求理想,守望人文

一个社会的文化底蕴和精神气质,尤其体现在大学的人文理性之中;而一个人的胸襟和个性,来源于他所受的人文精神的培养。大学教育应关注人在教育中的地位,认清人的本质是一个不断发展、开放和展现的过程。教育是培养大写的"人",是心灵的解放,受教育者健全人格的培养是全面发展的基石。大学必须高度关注人文精神的培养,但绝不是仅仅增设几门人文课程或举办几次第二课堂活动所能达到的,必须将理想、追求、伦理道德、严谨求实、宽容合作的人格品性教育贯穿大学教育的全过程,树立终极关怀、和平文化、科学伦理、全球环境的大学观,使学生获得正确思维和学习新知识的能力、不断探索和创新的能力、大胆疑问和批判性思考的能力、正确处理人际关系的能力、控制情绪和情感的自律能力、语言理解和表达的能力。因而大学应更多地注重普遍知识层面上的基础理论的传授,它们往往关系到人类对自己、对世界、对自然和宇宙的一般认识和理论,它们虽然不能产生实际利益,但对于人性的完善和提高,以及人类的文明程度起着重要的推动作用。大学应是社会的理想类型,而不应该是社会的缩影,大学不仅要产生思想和学问,还要给社会提供道德理想;不仅要培养负责任的、合格的公民,还要给社会提供实践的行为模式。

(3)崇尚德性

"德性作为文化的价值内核,合理地安排着文化世界的'秩序',引导着文化的价值追求,规范着文化的生成方向"。德性文化把人类的未来作为自己的建设对象,充满了对人类命运的终极关怀,也充满了对民族、社会、国家和整个世界的责任意识,凸显的是执着的价值追求、坚定的理想信念和崇高的神圣使命,是大学文化的核心,它的价值取向决定着大学文化对大学价值的定位与建设过程,在整个大学文化建设中起着举足轻重的关键作用。同时,大学文化还是一种大度包容的文化。大学是群英汇集的殿堂,来自世界各地的学子在这座殿堂里宽容相爱,在人类知识的宝库里,在大学精神弥漫的氛围中,自由探索、百花齐放、追求真理、实现梦想。能迎接挑战,克服困难;而要有所创造,必须发挥集体的力量。教育因爱而精彩和卓越。大学教育若要从成功走向卓越,必须不断总结经验,坚持个性,积极寻求理论支持和应对策略。所以大学在继承自身文化传统的前提下,应更多地参与全球化竞争,不断增加学生的视野,在各种文化的碰撞、融合中获得更加完美、全面的能力。

(三)从"校园文化"走向"文化校园"

所谓文化校园,是近几年来在现代大学建设过程中形成的一个全新的理念,在某程度上它以校园文化建设研究为基础,但又与校园文化概念存在着本质的区别。仅仅从词性上分析,"校园文化"是名词,"文化校园"是动词。在此意义上,"校园文化"的积累是实现"文化校园"的必由之路。所以,这两个概念实际上代表的是学校文化建设的两个不同阶段:打造"校园文化"是学校文化建设的开端,形成"文化校园"是学校文化建设的目的。前者注重的更多是载体和形式,重点是"活动"和"建设"本身,学校会初步形成良好的环境氛围、共同的发展目标和统一的价值取向,得到的是"量的积累";后者关心的更多是内容和目标,重点是文化气息的全面生成,得到的是"质的变化",形成一种有学校特点的、相对稳定的、可持续发挥作用的综合育人力量。

"文化校园"的提出直接代表着现代大学建设的先进理念,其内在根据一方面是培养复合型人才的需要;另一方面则是对许多著名的大学进行历史分析的结果。它强调的是大学建设中总体性的人文环境对人才培养的重要作用,而不仅仅关注具体的校园生活。在文化校园建设过程中,更看重的是大学人文底蕴的积淀作用而不是外在的环境。换言之,从"校园文化"到"文化校园",就是超越"以学生为主体、教师为主导、学生社团为组织形式"的"校园的整体文化氛围和深层的文化精神更多地被大学校园局部文化活动所取代"的校园文化活动观,从"建设内容有限和建设主体单一"的"局部"走向"文化建设的系统性和建设主体全面性"并重的"整体";也就是"从注重'建设'来规范人的言行,提升到崇尚自然、自觉、自信,追求的是人与人的和谐、人与内心的和谐、人与自然的和谐。它更多的是去关注人、关心人、影响人、引领人,从而达到成就人。"

"文化校园"概念的提出还是大学发展走向文化自觉的重要表现。在目前的大学文化建设中,存在着理解上的局限性和实践上的表面化问题:一种情形是校园文化建设突出大学精神和文化理念,但缺少现实的实践根基和活动机制;另一种情形是校园文化建设被理解为课堂知识传授之外的一些添加剂,例如文化活动、体育活动、学术讲座等。要真正回归大学的文化本质,就必须走出表面化的校园文化建设的误区,变狭窄的"校园文化"为宽广的"文化校园"。这是大学理念、大学精神、大学文化的内涵的根本转变。从根本上说,大学文化本质的真正回归,既不是对应用学科、管理学科、工程技术学科及其各种应用知识的简单拒斥,也不是在现有知识传授体系原封不动的基础上添加某些"文化调料",而应当使人文教育和文化启蒙渗透到高等教育的所有专业和所有层面,建构全方位育人的文化校园。从高职院校的实际来讲,有些在突出职业性、完成高职院校"目标责任"的同时,有意无意地忽视了学校教育的人文基础。其实,培养学生的职业能力虽然是高职教育至为重要的社会责任,但职业能力是专业能力、方法能力和社会能力相互融合、相互支撑的集成体,以职业道德、沟通交流、团队协作、责任意识、诚信品质、敬业精神等为表征的社会能力或者人文精神,理应成为高职教育的应有之义。精神的塑造既是学生全面、可持续发展的需要,更是社会发展的需求。职业原本就是社会发展和分工的产物,一成不变的终身职业在现代社会存在的概率几乎为零,职业领域的不断变换或同一职业领域对能力要求的不断提升,对一个具体的社会人而言将会是一个频繁面对的问题。所以良好的应对心态、理性的思辨能力、准确的判断能力和坚韧的奋斗精神等综合人文素养,必将成为高职学生未来的职业发展不可或缺的基础。

所以,理想的大学,特别是农业高职大学,应该是全员全程全方位育人、突出勤劳朴实、彰显农耕特色和师生员工共享文化的场所,我们必须走出表面化的校园文化建设的误区,变狭窄的"校园文化"为宽广的"文化校园",而不再像过去那样把大学文化建设仅仅理解为课堂知识传授之外的一些校园文化活动,也就是要确立一个超越"校园文化"、走向"文化校园"的基本理念。因为在归根结底的意义上,大学的本质在于文化,在于文化的传承、文化的启蒙、文化的自觉、文化的创新,"大学建设,本质上应该是一种文化建设,是一种文化氛围和文化育人环境的营造活动,也是一种社会文化样板的打造活动"。

二、高职校园文化的特征

(一)高职校园文化具备普通高校校园文化的共同特性

1.人本性

以教育为主的校园文化注重师生员工思想行为的塑造,强调学生的个人发展与人际交往能力的提升,形式上表现中国传统文化的人文关怀性。建设良好的校园文化来调节校园中的和谐氛围,形成一个具有人文精神的群体组织。

2.科学性

学校是知识的圣地,是中华优秀传统文化积淀和传承之地,肩负着育人成才的光荣使命。高校的教工与学生大多数文化水平较高、思想品德高尚,因此,校园文化的思想与学术内容充实、丰富,对于内、外界带来的问题能够理性思考与解决,具有较强的科学性。

3.发展性

大学校园文化会随着大学的不断发展而发展,主要表现在构成大学校园文化的内容结构上,例如办学理念变化、管理制度变化、教学活动变化等都会引起校园文化变化。同时,社会文化的发展变迁也会引起校园文化变化,它要求校园文化必须适应社会文化的发展趋势。

4.辐射性

大学生多数缺乏社会经验,刚进入校园绝大多数学生的思想意识还处于萌芽状态,对事物的判断还不准确。然而,经过大学校园文化的渗透影响,学生的思想观念发生变化。同时,学生毕业后携带的大学文化气息也会影响到他从事的工作环境,进而对社会文化产生作用影响。

与其他高校的校园文化相比,高职校园文化除了拥有一定的文化共性以外,更具有自身的专业文化、职业文化以及融合了企业文化的实训文化。

(二)高职校园文化的特殊性

1.职业性

首先,从高等职业院校开设的专业课程来看,每个专业都具有鲜明的就业岗位。其次,高职院校的校园文化建设应发挥出职业教育精神,体现职业教育理念,将工作重心放在提高学生职业能力和操作技能上,培养能够顺利适应岗位工作的优秀技能人才。最后,在德育方面,高职的校园文化在培养学生各种美德的同时,尤为重点的是加强职业道德素质,树立良好的职业操守,具备吃苦耐劳、敬业奉献、团结意识等职业心态。

2.行业性

近几年,高职院校正在不断搭建校企合作的各种渠道,借助企业的各种资源提高自身的市场竞争力,校企合作成为高职乃至整个职业教育的必经之路。高职校园文化融入企业文化是展现自身办学特色、提高学生就业适应能力的重要途径,将企业特色贯穿在高职精神文化、制度文化、物质文化和行为文化之中,使师生全方位体验企业真实或仿企业环境的氛围,有利于校园文化的丰富以及人才输出和企业人才需求的无缝对接。

3.实践性

与学术型教育相比较而言,职业院校培养出来的学生动手能力强,适应生产工作较快,面向企业就业的较多。高职院校的培养目标及宗旨决定着校园文化建设应注重师生实践能力的熏陶,可以利用社团积极举办丰富多彩的科技、艺术等操作性活动,锻炼学生的手脑并用,提高学生对新事物的接受速度。普通院校基本上实施的是学科教育,重视理论知识的充实,而高等职业院校强调的则是职业岗位教育,培养的是"下得去、用得上、留得住、上手快"的高级应用型人才。所以说,高职院校校园文化建设的各个步骤都体现出实践性特征。

4.地方性

职业教育讲究的是职业岗位的人才培养,自然离不开企业、行业的参与,企业、行业的发展,离不开地区特色的影响,所以说,职业院校的办学特色少不了大环境下的区域特性。高职院校承担着为社会经济发展提供服务的责任,就不能脱离企业文化关起门来建设自身的校园文化,否则就不能展现出高职院校的职业性,融合企业文化来建设高职校园文化势在必行。

第三节　高职院校校园文化建设的重要性

一、存在的主要问题

高职文化,是指学校特有的精神世界和环境氛围,是学校办学传统、办学理念、办学目标、办学方式的集中体现,是师生员工共有和共享的精神和信念,它凝聚在学校所拥有的理念、制度、管理、行为、校风、教风、学风等深厚底蕴之中,具有前瞻性和先进性,能够形成一种优良的教育环境和强大的综合实力。这种实力,是学校和个人能够可持续发展的动力源,也就是学校的核心竞争力。学校文化是一个非常复杂的系统,包括教师文化、学生文化、精神文化、物质文化、组织文化、行为文化、人际文化、制度文化、环境文化等等。

我们的大学自身尚缺乏成熟的大学文化,原因有三个:一是中国现代意义上的大学只有100多年的历史,起步晚,本身就需要一个成长、发育、成熟的过程,即使在短短的100多年的时间里,中国大学成长的社会环境在一段时期内很少有机会进行自我本质的思考、谋划和建构,也很难形成自己独立的精神文化品格。二是大学又承担起双重的、特别急迫的发展压力,一方面承担着大学自身非常繁重的恢复重建和基础建设任务;另一方面,经济快速发展,强烈要求大学提供具体的、直接的支持和服务。大学办学不得不与市场经济的具体需求结合起来,忙于为经济建设提供具体服务。双重的压力使得大学仍然较少对自身本质属性和本质功能进行反思,本质意义上的大学文化继续处于边缘化的地位。三是20世纪50年代以后,在为国家建设培养大批急需专业人才的同时,也使得大学的现实感和直接具体的社会服务意识十分突出,给定的具体知识和职业技能的传授成为主要教育方式,导致大学教育的"人文化"特征被"工具化"特点所遮蔽。高职大学更是如此,面向工农业生产第一线直接为经济建设培养高技能人才的目标定位,使得高职院校文化建设一开始就具有了过多的企业文化色彩,工具性突出而人文性淡少。

在先天发育发展不足的大背景下,高职文化建设面临太多的问题需要研究。从高职院校的情况来讲,文化校园的整体构建还非常欠缺,主要存在以下三大问题:

(一)缺乏大学精神,过度形式化明显

所谓大学精神是大学文化中的主体精神,大学精神通过对大学文化建设的促进来推动大学的发展。大学精神是在大学文化,特别是在校园传统精神文化的基础上,通过文化主体的实践活动并经过历史的积淀、发展而成的,是大学文化体系中高度成熟并被大学全体成员共同认同的主体精神文化,是贯穿于文化校园建设全部内容的主色调,其最主要的内容是指学校在长期的办学过程中所形成的共同的价值观念,它最终体现的应是一所学校最具特色、最鲜明、最富有典型意义的学校精神。这种精神一旦形成便具有了相对稳定性,进而成为师生员工所认同和遵循的价值理念,具体表现为学校的校风、学校的文化传统以及

全校师生员工较为普遍的行为及思维方式等,这种稳定的积蓄与沉淀是学校整体精神面貌的集中体现,更是对文化校园建设的提炼和升华,构建全方位育人的文化校园必须以大学精神为核心。而我们的高职大学,绝大多数形成于最近十年来的大众化教育阶段,仅有的校园文化建设或未能形成大学精神,或表面上突出了大学精神和文化理念,但是缺少现实的实践根基和活动机制,多是从实用的功利主义角度理解和实施校园文化建设,使得文化校园的建设缺乏灵魂,没有明确的目标和方向,农业高职院校更是如此。他们的校园文化建设形式单一、内容空洞,开展校园文化活动仅局限于娱乐的层面,把校园文化活动的开展和意义等同于学生的文体活动,认为只有轰轰烈烈的文体活动才是校园文化建设,结果使学生疲于奔波,专业技能的学习时间和精力却因频繁的活动得不到有效保证;把文化校园建设简单地等同于物质文化建设,让人很难感觉校园应有的学习氛围;把文化校园建设简单地等同于"书面文化制度建设",书面上都有明确的目标,详细的规划、严格的制度和"丰硕的成果"等,得不到广大师生员工的认同。不能把文化校园放在整体办学方向和培养目标的平台上操作实施,忽视了文化校园的思想性、学术性和艺术性,削弱了文化校园的育人功能。

(二)缺乏人文精神,过度职业化明显

如前所述,在现代社会中,大学的文化本质(人文精神)在相当程度上失落了或者被遮蔽了。造成这种现象的直接原因是应用学科、管理学科、工程技术学科及其各种应用知识在高等教育中占据越来越大的份额。毫无疑问,教育体系和教育内容的这种转变具有重要的意义,它突显了高等教育的现实感,使教育同经济和社会发展的内在关联更加直接更加紧密,增强了高等教育的社会服务功能,这在高职教育领域表现得特别明显,因为它旨在于培养面向一线的高素质技能型人才。这样做本来也是非常必要的,问题是在"对培养目标理解不透,忽略了立德树人的根本任务""培养规格定位不准,忽略了职业教育的层级特征""职业发展分析不深,忽略了职业能力的动态发展"的前提下,大力引进企业文化,全面营造职场氛围,以利于实现培养目标,表现出对企业文化和职场文化过分推崇,最终导致了"泛职业化"倾向。比如有的学院在物质环境布置上,花费大量投入,进行硬件改造,却并不一定适合教学的需要,造成教学资源的浪费;有的学院不问企业文化能否在校园中生根发芽便拿来为己所用,如此等等,最终却成为培养学生职业素质和技能的障碍。这样的做法在某种程度上过分强调了实证主义的特征,使给定的具体知识和技能的传授逐步成为高等教育的主角,导致了人文教育被逐步遮蔽。结果,现代高等教育所培养的往往是"专家",而不是"学者",是分门别类的"专门技术人才",而不是具有人文素养的社会主体。

(三)缺乏整体推进,过度简单化明显

建设文化校园的基本理念是主张一种全方位的、深层次的校园文化建设。无论课内课外、历史现实、花草树木、建筑景观、活动机制、言行举止等,都必须渗透着浓厚的人文教育,都培养学生的诚信、仁爱、自律、责任等现代人文素养,都激发学生自主学习、独立思考、勇于创新的自由精神。当然,全方位育人的文化校园不是一朝一夕的具体工程,而是整个教育体系的重大变革,它需要系统的、持续的理论探索和实践推进,例如,如何把课堂的知识传授真正变为学生的自主学习和自由探索;如何把知识"传授"变成学生的知识"生成";如何使职业培训从现有岗位的适应转变为"自主创业";如何使图书馆从藏书室变为一所"伟大的学校";如何使博物馆的陈列室变为活生生的"思想库";如何使思想教育从苍白的说教变为心灵的沟通和默默地言传身教,等等。这样做的目的就在于让文化校园充分展示着大学教育的真谛:用思想理性的光芒照亮实践行为的误区,用理想主义的激情清扫现实主义的路障,激活思想、放飞激情,张扬个性、唤醒生命!而我们面临的现实是,由于高职院校成立的时间不长,很多院校又是易地而建,校园文化的累积相对薄弱,整天忙于硬件的改善而疏于软件的生成,虽有创新的空间却还来不及整体推进。比如,"有的学院,简单地把民族文化、地域文化甚至和学校教育毫无联系的文化,不加任何改造,移植到校园当中;有的学院简单地把历史上曾经出现过的文化,不论是否符合现代社会需要,是否有过争论,作为校园文化建设的重要目标;有的学院认为只要做几次讲座,举办几次活动,就是校园文化创新的标志,缺乏校园文化建设的整体设计和推进,缺乏后续发展的动力支持。

二、加强的基本路径

高职院校的文化建设有其自身内涵的特殊性,有学者从校园文化建设的角度把这种特殊性概括为:"营造自身特色的'学术'气氛;形成特殊的'实践'氛围;让'学术'气氛与'实践'氛围有机结合,达到相互渗透与融合、相互影响与作用,使'学术'气氛沾染'实践'意味,使'实践'氛围渗透'学术'色彩。"仔细分析这一特殊性,包含两层含义:一是高职院校是高等教育的组成部分,总体上以研究与创新的教育理念培养高级专门人才,凸显高职院校的"高"字。因此其文化建设应该具有高等教育文化校园的共性,具有高校共有的"学术"气氛;二是高职院校又不同于普通高校,其主要从事高层次的职业教育,教育教学总体上以职业化、实用型、技能型教育理念培养面向基层、面向生产、服务和管理一线职业岗位的学生,要凸显高职院校的"职"字。因此其文化建设又应该具有不同于普通高等教育文化校园的特殊和差异之处,要突出"实践"氛围,具有自身的鲜明特色。

围绕这一特殊性要求,高职院校文化建设重点突出以下几个方面:

(一)以学生全面发展为价值追求

文化校园建设的最终必定是学生的全面发展,离开了学生的全面发展,文化校园建设就失去了根本的意义和价值。因此一方面要畅通聆听学生利益表达的渠道,另一方面还要以学生的发展成效作为检验建设成效的标准。有的高职院校,为某一文化活动,让上千学生停课排练,置学生利益于不顾,严重地践踏了学生受教育的权利,这样的文化校园建设根本不足取。文化校园建设是否成功,其最终的评价标准应该是学生。学生毕业后,校园文化精髓有没有在他们身上生根发芽,高职大学生活有没有成为学生不可忘却的回忆,有没有在岗位上实践了校园文化所倡导的理念,才是文化校园建设最终成果的检验标准。

(二)以全体师生员工为行为主体

这里的"主体"是指与文化校园这一客体对象相对的文化建设的承担者、执行者和文化的享受者。它包括学生、教师、管理人员等全部在内的校园人。在文化校园建设中,教师与学生是通过大学校园这一共同的中介客体,使师生的本质力量得到对象化。教师对文化校园的建设不只是为了学生成长的付出,而且也是教师生命价值的不断完善、超越和升华。因此,师生共为主体,既能避免文化校园建设中学生单一主体的自发性与盲目性,也能使教师在文化活动中发现自我、表现自我,进而更新自我的主观能动意识得以充分发挥。因此,文化校园建设不仅是对学生的要求,也是对教职员工的要求。如果文化校园是崇尚道德和技能,而教师对此毫无意识,甚至反其道而行之,要想真正建设这样的文化校园还是困难的。同时,文化校园建设还是一个师生互动的过程。在互动中,形成了文化校园建设的设想,校园文化深入个体心灵,实现校园文化的创新和升华。这些决定了文化校园的受益者不仅是学生,还包括教师,所以文化校园建设应该为广大教师的发展提供更多的机会和平台,也只有这样的校园文化,才能得到广大教师的认同并付诸实践。

(三)以教育教学工作为主要阵地

文化校园不仅是理念,更需要有具体的内容和实践支持。比如营造浓厚的学习与研究氛围,需要引导学生重视理论学习,训练学生的理论思维,增强学生在实践中的创新能力以及社会中的适应、可持续发展能力。就研究来说,不应注重研究宏大、高深的基础理论课题,而是引导师生从小处着手,选择精、实、新的,联系实际、解决现实问题的应用性课题。从实践来讲,与中职学校比较,除了一般的动手能力要求外,又具有高层次的技术、规范及道德精神要求,其校园文化要有利于形成精益求精、严密细致、科学求真的态度;要有利于培养学生爱岗敬业、无私奉献的职业道德;有利于养成吃苦耐劳、勤奋踏实的进取意识;有利于造就相互配合、协作奋进的团队精神等等。在内容上,如果把培养学生的专业技能作为文化校园建设的重要目标,必然要求在课程设计上有相关的内容支撑。在教学方式上,把学生的品德建设作为文化校园的重要目标,而品德教育中,教师的表率、教学及管理等,会对学生品德的塑造产生重要影响。如学院可组织学生竞赛,采用发现法教学等方式,进行创新示范,培养学生的创新精神,提高学生的创新素质和水平。高职文化校园建设丢弃了教育教学的主阵地,就等于失去了基石。

(四)以完善制度建设为重要措施

因为制度是人类在物质生产过程中所结成的各种社会关系的总和,是人类为了自身生存、社会发展的需要而主动创制出来的一种有组织的德性规范体系,包括法律制度、政治制度、经济制度以及人与人之间的各种关系准则等,所以在其根本属性上它本身就是一种德性文化。在构成制度上这种德性文化包括三个层面:一是传统、习惯、经验与知识积累形成的制度文化的基本层面;二是由理性设计和建构的制度文化的高级层面;三是包括机构、组织、设备等的实施机制层面。纵观当前高职院校文化校园建设中的一些制度设计,无论行政管理体制、人才培养目标、校训教风学风、校内礼仪规范等,几乎很少考虑到德性规范要求的可操作性问题。比如品德加分、学生评教、绩效考核等制度的采用,并不是真正着眼于学生和教师的发展,而是以方便管理为目的,体现出来的是

"管理"的文化属性,而不是"育人"的文化属性。必须充分发挥制度刚性的规范作用。缺少制度支持的文化校园建设,是很难发挥长久影响力的,比如诚信教育,只通过诚信课堂、诚信讲座、诚信签名等相关活动来强化,如此建立起来的校园诚信文化,必然是无法想象的。

(五)以彰显教育机构的独立性为基本抓手

传承文化思想、引导文化方向、传播文化理念、整合文化知识是现代大学的主要责任,高职院校也不能例外。作为一个特殊的教育教学组织,高职院校应当充分发挥其净化功能,通过其独特的价值取向来承担起自身独特的文化使命。从这个意义上来说,高职院校教育不应仅仅限于对某些具体的、给定的知识和技能的传递,而是还必须通过文化教化和文化启蒙,对师生员工的能力、素质、精神境界等进行全方位的文化提升。作为现代大学的一个类型,高职院校承担着人才培养、科学研究和社会服务三种职能,而这三种职能在整个人类发展和社会进步中说到底都属于文化功能。因此,高职院校文化校园建设应从以下几方面来突出独立性:适当地将行业、企业和职业等要素融入高职校园文化,从有助于学生职业素养的培养与发展进行选择、创新、补充和传承;坚持社会主义核心价值体系的引导,对消费主义、个人主义、享乐主义等进行抵制,努力成为不良文化的批判者和优秀文化的倡导者;根据自身的特点,高瞻远瞩,扬长避短,有独立思考的精神,不被一时的社会风潮和世俗热点所左右,一如既往地承担好育人的重大使命。

(六)以坚持理念引领为指导思想

理念文化是高职院校文化建设的核心,它主要包括办学理念、文化观念和历史传统等,是一所高职院校办学思想、价值追求、育人特色等的集中体现,是被学校大多数成员认可而遵循的共同的群体意识、价值观念和生活信念,是文化校园的灵魂所在。其中,办学理念最为关键,它既是学校办学历史的积淀和办学经验的提炼,又是学校发展的指针,它激励全校师生员工和学生家长树立共同的教育理想,并为学校弘扬传统、开拓未来、打造特色、提升品质而奋斗。因此,办学理念是学校的一面旗帜,也是学校办学理想、办学特色、办学品位的标志。学校工作尽管千头万绪,但首要的就是必须提出一个科学的、先进的、明确的、符合学校实际的办学理念,通过办学理念来引领学校的办学实践,用办学理念来统一思想,凝聚人心,激发活力,使学校走向科学发展之路。

第二章
高职院校校园文化建设的
指导思想、总体要求和基本原则

第一节　高职院校校园文化建设的指导思想和总体要求

一、指导思想

高职院校校园文化建设要以贯彻落实科学发展观,坚持社会主义先进文化的发展方向,以精神文明建设为核心,以先进的制度文化、行为文化和优良的环境文化为载体,以促进高校的全面发展为目标,发扬"学高、正身、敬业、创新"的精神,坚持"崇尚科学、追求卓越"的办学理念,塑造高职院校精神,提高学校品位,为提高学生的综合素质创造良好的文化氛围。

通过实施高职院校和谐校园文化建设,进一步创新校园文化内涵,创建校园文化精品,提升高职院校和谐校园文化品位,促进学生全面发展,为提高学生综合素质创造良好的教育环境和文化氛围。同时,要充分吸收现代企业文化的先进理念与思想精华,丰富校园文化内涵,努力使高职院校成为区域内社会主义先进文化的重要基地、示范区和辐射源。

二、高职院校校园文化建设的总体要求

通过实施校园文化建设,进一步创新高职院校文化内涵,创建校园文化精品,增强科技含量,强化道德养成功能,提高学校文化品位,促进学生全面发展。遵循文化发展规律,以实施科学文化素质教育为基础,以高等技术应用能力培养为主,以人文修养培育为底蕴,以建设优良校风、教风、学风为核心,以优化校园文化环境为重点,以树立正确的世界观、人生观、价值观为导向,弘扬主旋律,突出高品位,重在建设,加强管理,和谐发展,彰显特色,不断满足学生日益增长

的精神文化需要。要充分吸收现代高职学校的办学理念与思想精华,丰富学校精神内涵,增强凝聚力,为培养合格的社会主义建设者和接班人提供强大的精神动力,把学校建设成为社会主义先进文化的重要阵地。

(一)促进我国社会发展和建设社会主义先进文化

我国社会的发展对高职的校园文化建设也提出了客观要求,主要表现在以下几方面:一是我国社会的健康发展需要高校提供科学技术、人才及先进的思想理论,而这些都有赖于高校的校园文化建设;二是我国社会的发展迫切需要高职院校提供与之相适应的技术型、应用型人才,但是我国高职校园文化建设的现状却不能适应社会发展的客观需求。目前高职院校不仅是在物质文化、精神文化还是行为文化等方面的建设都有待加强,办学水平也有待进一步提高,如果不大力加强,高职校园文化建设就很难与我国经济的发展水平相适应,无法完成高校所肩负的历史使命;三是国家的发展程度很大程度上依赖于高校的办学水平,而校园文化所包括的物质文化、精神文化和行为文化都会对高校的办学水平有所影响。因此只有加强高职的校园文化建设来提高文化、经济、科技等要素的配置效率,从而带动地方、国家经济发展。

作为高层次的职业教育,高职院校是以服务为宗旨,以就业为导向,面向基层培养社会需要的生产一线的高技能人才。高职院校也发挥着传承文明、培养人才、服务社会的重要作用,高职院校的校园文化也是社会主义先进文化的重要组成部分。社会文化的发展方向决定了校园文化的发展方向,而校园文化的发展则能促进社会文化的发展,它们是相互渗透、相互影响的。高职的校园文化建设要按照高职教育的特点和规律及办学理念体现自身的特色突出高职的特点,培养更多的具有职业技能、职业道德和职业素养的技能型人才,从而促进社会文化的发展,这也是建设社会主义先进文化的必然要求。

(二)建设和谐社会、和谐高职校园的保证

学校是培养人的场所,学校教育具有促进人的发展和社会的全面发展两大功能,同时担负着构建和谐社会的重任。

建设和谐社会和建设和谐高职校园是相辅相成、互相促进的。建设和谐高职校园根本是要建设好高职校园文化。而和谐高职校园的建设主要是建设和谐的教学系统、和谐的科研系统、和谐的人际关系及与之相适应的和谐管理制度等。这些都是与高职校园文化建设相关的,离不开先进、健康的校园文化的引导。换句话说,和谐校园建设的前提是和谐高职校园文化的建设,和谐高职校园是和谐校园文化建设的结果,是构建和谐社会的基础,没有和谐的校园就不会有和谐的社会。因此,要建设好和谐社会、建设好和谐高职校园就必须大力加强高职校园文化建设。

(三)提高高职学生人文素质,促进其社会化

当今世界的竞争不仅是社会制度的竞争,更是文化上的竞争。文化是人类生存和发展之本。校园文化建设的根本目的就是为塑造在精神品质、智慧能力和体魄诸方面获得充分发展的合格人才创造良好的精神条件和环境氛围。高校承担着引领先进文化和培养引领先进文化的高校人的重任,要培养社会所需要的人才丝毫离不开高校校园文化的熏陶。而在我国有不少高职院校都是从高中或中专院校转变而来,学校的文化底蕴稍显不足,我国的高职院校的人文素质教育相对发展还不是很完善,造成这种结果的原因有三:一是我国高职教育的发展历史短,导致高职院校的文化底蕴不深,办学特色也不明显;二是多数人认为高职教育培养的是社会需要的生产、建设、管理及服务第一线的人才,主要是看其动手实践方面的技能水平,要"专"而不需要"通";三是国家的法律法规对于高职学生的人文素养及职业道德培养方面的规定还不是很全面。随着社会经济的发展,用人单位对高职毕业生的品行、人文素养等提出了强烈要求。因此,提高高职学生的人文素养、促进高职学生的社会化已成为高职院校进行教育改革需面临的重要议题。高职校园文化建设应该创造良好的校园环境并针对性地根据相关专业和活动开展丰富多彩的校园文化活动,高职院校的文化宣传栏、人文景观、校园绿化、学生行为教育等都会形成一种浓厚的文化氛围,影响着学生的言行,净化他们的心灵。有针对性地开展一些专业课程并在课程中渗透人文主义教育多开展专题讲座、文艺演出、技能竞赛、体育比赛等,让学生在自己喜欢的领域里发挥自己的能力,有针对性地发现自己的需求,提升实践能力,从而使教育内化为人文素养,在耳濡目染中提升人文素养和良好的职业道德,更好更快地由"校园人"向"社会人"转化。因此,建设高职校园文化是提高高职学生人文素质,促进高职学生社会化的重要途径。

(四)提高高职院校核心竞争力的关键

作为我国高等教育发展的有生力量,高等职业教育发挥其作用体现在其开发和竞争的特点上。随着教育大众化、国际化以及多样化的发展,高职院校之间的竞争也变得越来越激烈,各高职想要在这种激烈的竞争中取得胜利,就必须具备自身优势,提高自身核心竞争力,优秀的校园文化正是让高职院校在激烈的竞争中脱颖而出并得以生存和发展的基础。

建设和传播先进文化不仅是我国现代化建设和社会发展的需要,也是我国高职教育事业发展的内在要求,是高职必须承担的历史使命。高职院校的人才培养目标是培养德才兼备的技术型人才。作为学校教育活动的内容和途径,校园文化是与学生的知识技能、道德行为、心理素质的发展密切联系的。因此,有针对性地面向学生开展文化素质教育是实现高职教育培养目标的必要手段。优秀的高职校园文化能够使人奋进、激励和鼓舞人,它是高职师生员工在长期的办学过程中培育形成并共同遵守的最高目标、价值标准、基本信念和行为规范。它不仅规范着师生们的行为,陶冶着他们的情操,而且激发师生对学校办学目标的认同感和作为高职一员的归属感及使命感,从而形成强大的凝聚力和向心力。高职校园文化是高职院校的精髓和灵魂。建设具有高职特色的校园文化是高职院校发展战略的重要方面。高职院校如果能够注重文化的积淀,明确自己的办学目标,从学院自身特点出发对学校的发展进行科学决策和规划,树立具有高职特色的品牌文化,才能形成良好、健康的文化氛围。目前我国的高职教育正经历着从规模发展到内涵发展的战略转变,建设具有高职形象特色的校园文化是提高高职院校核心竞争力的关键。

(五)彰显高职院校的办学特色,提高其管理水平

一所高职院校的办学特色不仅体现在专业、课程、管理及服务等方面的特色,还表现在有特色的校园文化。没有特色的高职院校将难以长久生存。高职院校的办学宗旨是面向社会、发展经济、服务企业、培养人才。高职院校培养的是社会需要的技术应用型人才。虽然不能主要依靠校园文化,但它却是一个不可缺少的条件。一所好学校最需要学到的不仅是知识而且还有艺术和习惯;专心致志的习惯,表达意见的艺术;要学会判断、学会鉴别的习惯,增强精神上的勇敢无畏并保持头脑清醒。而这种所谓的习惯和精神很大程度上是从广义上的校园文化得来的。高职教育是以能力为本位,突出职业特色,这就决定了高职的校园文化必须具备自身特色。对于高职院校来说,在文化的建设上实行校企结合吸收不同企业的优秀文化,从而建立具有高职特色的品牌校园文化。尽管国家大力推进职业教育的发展,可是毕竟高职教育发展历史短,不少高职院校在自身的发展规模和目标方面盲目照搬其他高职院校甚至是普通高等学校的经验,此时各高职院校对彰显自身办学特色的需求就显得格外迫切,因此建设富有特色的高职校园文化必然成为高职院校关注的重点,有利于彰显高职的办学特色。

此外,建设高职校园文化也是提高高职院校管理水平的需要。校园文化建设和学校管理工作关系十分密切,两者相互制约和促进。校园文化是学校管理工作的缩影,通过校园文化能反映出学校的管理水平,而学校管理工作的一个重要目标就是营造良好的文化氛围。因此,必须加强和提高学校的管理水平来促进校园文化建设的发展。校园文化包括校园物质文化、校园精神文化、校园制度文化和校园行为文化等四方面。高职院校的物质文化是校园文化的基础载体和文化水平的外在标志,做好了物质文化对高职院校的各项管理工作也具有很强的促进作用。小到校徽图案、路牌,大到整个校园的整体规划及绿化,这些都是校园物质文化最直观的外在体现。这些也都是学校管理工作的体现。作为校园文化建设的核心和灵魂,校园精神文化是学校办学价值观的体现,如办学理念、校训、学风、教风等。校园精神文化可以内化为对学生素质的而培养从而提高高职院校的日常管理工作效率。高职院校制度文化中的规章制度、道德行为规范及工作守则不但是学校文化建设的准则,同时也是校园文化的组成部分。它能够规范师生们的言行,并维持正常的教学秩序,从而促进学校各层面的稳定发展。与精神文化一起对学生通过积极地引导起到了良好的教育作用。作为高职校园的"灵魂文化"——高职院校的行为文化是高职校园师生在人际交往中产生的体现校园精神文化和制度文化的规范和要求。它包括师生的行为方式及由此而产生的校风、教风和学风。因此,形成积极向上的行为文化能够对学生的个人行为产生潜移默化的作用,从而更好地促进高职院校的管理工作。

综上所述,建设高职校园文化不仅有利于彰显高职办学特色,而且有利于提高高职院校的管理水平,在高职院校的发展建设中具有不可替代的作用。

第二节 高职院校校园文化建设的目标

我国高等教育大众化的发展态势以及经济建设的迅速发展对技能型人才的需求,给高等职业教育创造了发展的大好机遇,同时也使越来越多的学者开始关注高职院校的发展,也同样关注着高职院校建设中不可或缺的环节——校园文化建设的发展。由此看来,职业教育的发展为我们研究高职院校的校园文化建设提供了良好的社会背景。

扎实推进高等学校校园文化建设,切实建立和完善高等学校校园文化建设的保障。针对校园文化建设要建立相应的管理制度,同时要加强对科学研讨会、讲座及报告会以及校园网络论坛的管理,坚持传播正确的言论和观点。

校园文化对高职院校的重要性是公认的,我国当前各方面处于快速发展阶段,各行业对高职教育培养出来的人才也是迫切需求,但是随着信息化的发展,不同的文化、不同的信息大量涌入我们的视野,影响着我们尤其是在校大学生。社会上的一些消极更容易误导他们使他们的价值观发生扭曲,这样不仅对学生的身心健康造成威胁,对社会的健康发展也造成潜在威胁。因此,要培养 21 世纪的德、智、体等全面发展的高素质人才,就必须注重校园文化,加大对校园文化建设的重视力度。

高职院校校园文化建设要突出特色,争创一流,进一步强化办学理念,弘扬高职精神,培育优良校风、教风、学风,加强内涵丰富的校园人文环境和自然环境建设,努力营造良好的育人环境和氛围。具体建设目标有:

1.教学严谨,学术氛围浓厚,改革和创新意识强烈,彰显高职教育特色,体现本校的校风;

2.以人为本的管理制度完善,铭记校训,构建"爱岗敬业、明礼诚信、公平正义、安定团结、积极向上、奋发有为"的和谐校园;

3.积淀厚重的校园文化底蕴,铸造具有本校特色、在国内有一定影响的文化品牌;

4.建设环境优美、设施完善、功能齐全的校园文化环境。

校园文化建设的开展,必须适应社会形势发展的需要,紧紧围绕培养目标,遵循教育规律,紧扣教育特点,结合学校实际条件及师生特点,有计划、有组织地进行。

第三节　高职院校校园文化建设须坚持的基本原则

一、导向性原则

导向性原则,是指高职校园文化建设必须坚持社会主义文化方向,全面落实党的教育方针,培养社会主义事业的建设者和接班人。高职校园文化建设是否成功,关键在于是否有利于全面落实党的教育方针,是否有利于培养学生的健康人格及良好的意志品质和职业素养,是否有利于培养应用型高级技术人才。坚持导向性原则,各高职院校必须根据培养目标和教育规律,创设良好的教育环境和文化氛围,在日常教育教学过程中,有计划地组织开展一系列校园文化活动,引导学生在努力学习专业知识和专业技能的同时,培养强烈的职业意识和良好的职业素养,并不断提高各方面的能力,促进广大学生向高素质的"技能型""应用型"人才的方向健康成长。

二、时代性原则

时代性原则,是指高职校园文化建设的内容、途径和方法都必须突出时代特征,适应社会发展、经济、文化发展的需要,同高职教育改革与发展的新形势相适应。坚持时代性原则,各高职院校必须适应形势发展的需要及社会对人才的要求,积极优化育人环境,深化教育改革,更新人才观念,创新人才培养模式及教学方法,关注学科前沿,把各门学科的新观念、新思想、新知识、新方法、新技能通过第二课堂或校园文化活动的形式,及时传授给学生,以积极健康、与时俱进的校园文化,推动学生素质的全面发展与提高,促进高职人才的培养。

三、职业性原则

职业性原则,是指高职校园文化建设要体现高职教育的职业性特征,有利于学生职业素质的培养。高职校园文化必须有利于高职教育培养目标的实现,有利于培养学生多方面的才能,有利于塑造学生的健康人格和良好的意志品质。高职校园文化建设要注重与"职业素质教育"相结合,注入丰富的职业文化内涵,体现"职业性"特点;要注重通过"工学结合、基地建设、文化交流、管理互融"等方式与企业文化进行互动和融合,借鉴企业文化建设的成功经验和做法,吸收企业文化的精髓。通过与职业素质教育和企业文化建设的有机结合,为学生提供一种"准职业化""准企业化"的学习环境,在教学过程中融进更多具有职业特征和企业特征的内容,努力培养学生的职业素质、企业精神及企业适应能力。

四、主体性原则

主体性原则,是指高职校园文化建设要充分发挥校园文化主体的作用,满足主体全面发展的需要。校园文化主体是指学校全体师生员工,加强高职校园文化建设,高职院校应根据学校专业特点和实际条件,充分发挥师生的积极性、创造性和想象力,组织师生开展丰富多彩的校园文化活动,丰富文化生活,陶冶道德情操,增进身心健康,促进个性发展,促使全体师生形成正确的思想观念、崇高的道德品质、积极的人生态度、坚强的意志品质和良好的行为习惯,促进师生全面发展。坚持主体性原则,要求在实践过程中,根据广大师生对文化的内在需求和提升自我、超越自我、表现自我、获得他人认可的愿望,引导师生积极、主动地参与校园文化建设,从中获得全面发展。

高职院校的校园文化建设要适应时代和社会发展的需要,适应实现人才培养目标的需要就要积极借鉴企业文化将企业文化引进到校园文化中来。"诚邀企业的管理精英、技术精英、营销精英等为校园文化建设出谋划策,提出自己独特的见解。向企业精英发放调查问卷,征求企业精英对校园文化建设的书面意见和想法"学校还可以邀请企业的经理、专家等到学校举办讲座、开展企业文化论坛等,有目的地、有针对性地把企业的价值理念、品牌文化、市场竞争意识介绍给学生、融入到校园文化中来。相反地通过这种文化的对接和互动,不仅能够提升校园文化。也能为企业文化注入新活力。

同时我们也应注意到尽管借鉴企业,但是高职的校园文化建设仍要发挥校园文化的主体性作用,满足高职院校全体师生员工全面发展的需要。广大的师生员工既是校园文化建设的创造者、受益者,也是校园文化的主体。他们在校园文化建设的过程中发挥着不同作用,教师和学校相关部门的管理人员他们的作风、行为及思想都对校园文化建设具有引导作用;学生作为学校的主要群体,他们的言行及思想状况甚至心理都成为校园文化的重要方面。师生员工对校园文化的建设产生着重要影响,可是良好的校园文化也让广大师生员工从中受益,通过开展丰富多彩的文化活动丰富了师生员工的文化生活,提高了他们的审美情趣,促进了他们全面素质的提高。

五、渗透性原则

渗透性原则,是指高职校园文化建设要注重与社会文化、企业文化的渗透。高职院校与社会、企业有着广泛的交流与合作,包括高职院校与社会、企业在联合办学、技术攻关、技术开发、实训基地建设、资源共享及在职培训等方面的合作以及高职院校师生与社会、企业不同群体之间的交流与合作,随着网络技术的发展,这种交流与合作会更加方便、快捷、高效。在高职院校与社会、企业交流与合作的同时,高职校园文化与社会文化、企业文化之间也相互渗透、相互融合、共同创新、共同发展。高职教育的培养目标要求在校园文化建设中要注重融入更多优秀的"企业文化特色","校企合作"是把企业文化特色融入高职校园文化的最佳形式。例如,将创新意识、科技意识等优秀企业文化内涵融入学生科技活动和专业技能竞赛活动中,有意识地培养学生的创新意识和科技意识,从而形成良好的职业素养。实践表明,充分发挥高职校园文化的渗透性,有利于促进高职校园文化与社会文化、企业文化之间在精神理念、价值观念、管理制度、行为方式、文化特点等方面相互吸纳对方的精华,促进自身文化的创新与发展。坚持渗透性原则,要求高职院校要充分挖掘校园文化、社会文化、企业文化的丰富内涵,找准三者的内在联系和最佳结合点,通过联合办学、技术攻关、技术开发、实训基地建设、资源共享及在职培训等方式加强与社会、企业的合作,在合作中吸收社会文化、企业文化的精髓,同时把自己的优秀文化渗透到社会文化和企业文化中,推动校园文化、社会文化和企业文化三者的共同创新与不断发展。

六、创新性原则

创新性原则,是指高职校园文化建设要适应社会及高职教育发展的需要,不断创新文化内涵、形式、载体及管理方式。实践工作中,高职院校必须加强与社会、企业的联系与交流,注重吸收、借鉴优秀的社会文化和企业文化的精髓,不断充实、创新高职校园文化的内涵,为高职校园文化引入新理念,增添新元素,注入新活力;要紧跟社会发展的步伐,主动吸收国内外先进的文化思想、文化理念以及新知识、新方法、新技能,促进校园文化的不断创新;要适应高职教育改革与发展的需要,充分挖掘"校企合作"的内涵和潜力,以"校企合作"为核心,不断创新高职校园文化的载体、表现形式和管理方式,使高职校园文化更加适应学校师生的特点和文化需求,适应学校教育、教学及管理工作的需要,适应学生就业或自主创业的需要,更好地为广大师生的学习、工作和生活服务。

高职院校的校园文化建设应该打破传统的建设模式,应该树立校企合作的高职院校校园文化建设的理念。遵循高职教育的规律,按照高职的办学理念,以市场为导向,从教学设计到学生管理都通过具有职业文化内涵的校园文化来引导学生,让他们了解到相关的职业素质要求,尽可能突出"职"的特点,融进更多职业特征、职业技能、职业道德、职业理想、职业人文素质。

高职院校的校园文化建设是个能动的整体,它来源于全体教职工的全部社会生活。校园文化的发展也是一个不断更新和传承的过程。因此高职的校园文化建设也要坚持继承与创新的原则。在继承优良传统文化的基础上不断提炼"解放思想、实事求是,与时俱进、勇于创新,知难而进、一往无前,艰苦奋斗、务求实效,淡泊名利、无私奉献"的时代精神,发扬以爱国主义、团结统一、贵和尚中、勤劳勇敢、自强不息、厚德载物、崇德重义为主要内容的民族精神。校园文化要想实现创新必须要有现实基础,一个是在继承同类校园文化优良传统基础上的创新,另外是通过借鉴其他文化群体(比如企业文化)来实现文化的创新。高职院校的校园文化建设的创新就是对校园文化以外的其他文化进行筛选,吸收其精髓,在校园文化中融入其他优秀文化的内容和形式,增加和丰富高职校园文化的内涵,这也是对我们所提倡的时代精神和民族精神的继承和发扬,以创新的方式推动高职的校园文化建设走上新的局面。

七、协调性原则

协调性原则,是指高职校园文化建设中,物质文化、制度文化、行为文化和精神文化四个方面,必须同步进行、协调发展。高职校园文化建设涉及学校、社会、企业多方面的关系,涉及学校内部各部门的工作,涉及全校师生的工作、学习和生活。坚持协调性原则,首先学校领导要把握学校建设与发展的全局,对校园文化建设做出总体部署,加大人力、财力和物力投入,加强与政府职能部门、企业、周边单位的协调,争取多方面的支持与配合,从而有序推进校园文化建设。其次,学校各部门要齐心协力、密切配合,充分发挥各方面积极因素,共同建设好校园文化。再次,广大师生要积极关心、参与校园文化建设,充分发挥自身创造力和想象力,共同推动校园文化建设。最后,校园文化建设中,物质文化、制度文化、行为文化和精神文化四个方面必须相互协调、相互促进、同步建设、协调发展,绝不能顾此失彼、畸形发展。

八、渐进性原则

校园文化建设,包括校园文化建设长效机制的构建、文化模式的探索与完善、方法措施的制定与优化、基础设施建设、规章制度的制订、师生行为习惯的养成、校园精神的培养以及优良校风的形成等,都是逐步形成、发展与完善的过程。渐进性原则,是指高职校园文化建设,必须根据高职教育的规律和特点以及校园文化的发展规律,结合学校实际,统筹规划,逐步推进。坚持渐进性原则,高职院校在实际工作中,要科学地制订学校的整体发展规划,明确各阶段的具体目标和完成各项规划具体措施、责任部门及责任人,有计划地加大投入、组织实施,逐步推进各项工作,既不能盲目激进,也不能无所作为,否则都将影响学校的持续发展。

九、先进性原则

文化是有其阶级性、时代性和先进性的特点。校园文化是中国特色社会主义先进文化的重要组成部分和推动先进文化发展的源泉。它的发展必须与时俱进,适应社会发展需要及高职师生的发展需要。高职校园文化建设必须保持其先进性的特点,注重培养积极、健康的文化氛围。中国特色社会主义文化的先进性体现在五个方面,高职院校校园文化建设要坚持先进性原则,就要不断地提炼科学性、时代性、民族性、开放性、与时俱进的创新性这五种特性。

高职院校校园文化建设的发展也必须与高职教育的发展及师生的发展相适应。高职教育发展比较晚,学校在师资力量、硬件设施等各方面的发展基础都不能跟其他高等院校相比,招收的生源质量也参差不齐,多数学生基础相对不好,师资力量比较薄弱。另外高职教育的目标是培养技术应用型人才,需要学生掌握一些跟专业相关的基础技能,其培养目标与普通本科院校是不同的,因此高职院校的校园文化建设必须要与高职教育的发展相结合,与高职师生的发展相结合,体现其先进性及以人为本的原则。以人为本是要关注人的生活世界,要对人的生存和发展的命运确立起终极关怀,要关注人的共性、人的普遍性、共同人性与人的个性,要树立起人的自主意识并同时承担责任。我国高职院校的校园文化建设其主体是全体师生,最终目的是在坚持校园文化先进性原则的基础上最大限度地满足师生的需要。

十、整体性原则

校园文化建设是作为一项综合性的系统工程,要对高职校园文化建设进行统一规划。针对目前仍有不少高职院校未把校园文化建设纳入学校发展的长远规划,导致校园文化在对高职院校实现人才培养目标所起的作用大大减弱的事实,应该总结经验,建立相应的协调机制。学校内部各方面齐抓共管,使校园文化建设成为学校发展的重要组成部分,并与学校的整体建设相结合。校园文化建设以社会背景为依托,要创造好的育人环境,并设立相应的以团委、学工处为主的校园文建设的指导性机构,培育以学生社团为主体的学生组织为校园文化建设提供组织保障,通过调动广大师生员工的热情和积极性共同创造具有鲜明特色的高职校园文化。因此管理机构、人员及环境要协调一致构成一个和谐的整体。高职的校园文化建设既要与当地的经济发展和社会文化相适应又要体现出高职院校校园文化建设的特色。此外和谐的校园文化建设是以人为出发点的,学生是校园文化建设的主体,教师则是校园文化建设的主导。要重点抓好教师和学生两方面的带头人并培养一批业务水平高、经验丰富、理论水平高的管理者,使他们成为校园文化建设的骨干,千方百计调动广大师生员工的积极性,加强高职院校师生员工之间的沟通交流,培育和谐的人际关系氛围,使他们与社会环境、校园环境和谐统一,共同构建和谐的高职院校校园文化。

十一、准确性原则

校园文化是高职院校所特有的文化现象,是该校办学理念的历史沉淀。一所学校的人文环境、建筑、专业特色都反映了该校的办学特色。不同高职院校办学定位的不同决定了办学理念的不同,要加强办学定位的准确性及校园文化建设的准确性就必须要与该校的办学理念、办学层次一致,与学校的各项建设发展相适应。坚持正确的办学理念是搞好学校各项建设的关键。高职院校要主动学习国内外先进的办学理念,将学校的发展与当地经济社会的发展紧密结合,只有形成自身独特的竞争优势,在市场化竞争才会占有一席之地。办学理念是高职校园文化建设中统揽全局的根本指导思想,而校园精神是对办学理念的进一步升华,它们与校训、校风、教风、学风等一样,都是师生员工经过长期努力积淀而成的相对稳定的理想、信念、道德、情操与追求。校园精神是校园文化的核心,高职院校的校园文化建设应该全面理解校园文化的精髓,不能简单认为校园文化就是外在的校园物质文化和文体活动及学生管理等,要统筹规划,分步实施。高校领导要充分认识到高职院校校园文化建设的重要性及紧迫性,要正确把握校园文化建设的方向,对校园文化建设准确定位,同时加强校园文化建设的组织机构和保障队伍建设。

第三章
新媒体环境下高职院校校校园文化建设的现状

　　校园文化是高职教育的重要组成部分,是一种精神文化氛围,集中反映了高职生特有的价值取向、表达方式和思维方法。校园媒体是校园文化传播者和受众之间进行交流的途径、手段和方式,是加强高职校园文化交流能力、传播能力的传播中介物,是展示、传播校园文化的主渠道和主阵地。然而,随着网络的迅猛发展,集数字化、多媒体和网络化为一体的新媒体成为时代的宠儿,悄然改变了人们的学习、生活方式,甚至是思想观念。具相关数据统计中国网民规模已达 6.49 亿,尤其是手机网民数量达 5.57 亿,其中数量最多的就是学生网民,而学生网民中,高职生、大学本科生所占比例最大。由此可见,新媒体已经渗透大学生学习与生活,成为弘扬校园主流文化的阵地、推动素质教育的平台、师生信息沟通的桥梁、信息交换的重要渠道。以新媒体为载体的网络文化的兴起与发展,改变着高职师生的思维方式、学习方式、生活方式和价值观念,为校园文化的传播提供了现代化的阵地与载体,拓宽了校园文化传播的空间和渠道。因此,探讨在新媒体环境下,如何形成高职院校自身文化特色,将优秀的、特色的文化精神内化为高职教职员工、学生的认知和行为自觉显得尤为重要。

第一节　新媒体的概念、类型和优势

一、新媒体的概念

　　新媒体(New Media)指的是当下万物皆媒的环境,简单来说:新媒体是一种环境。新媒体包括了所有数字化的媒体形式。包括了所有数字化的传统媒体、网络媒体、移动端媒体、数字电视、数字报纸杂志等。一个相对的说法,是在报刊、广播、电视等传统媒体之后发展起来的新的媒体形态,包括网络媒体、手机媒体、数字电视等。新媒体也是一个广泛的传播途径,可以利用数字技术、网络技术,通过互联网、宽带局域网、无线通信网、卫星等渠道,以及电脑、手机、数字电视机等终端,向用户提供信息和娱乐服务。严格地说,新媒体应该称为数字化新媒体。现在,新媒体已经成为影响大众的主要媒体,并逐渐产生了新旧媒体互相融合的趋势。

"新媒体"是用来指代和传统印刷媒介不同的、基于电波和图像传输技术的广播、电视、电影等媒介样态。自此,"新媒体"一词逐渐传播开来。

目前,对于"新媒体"的准确定义,各国学者众说纷纭,尚无定论。21世纪兴盛的互联网第二代媒介,如博客、微博、微信等,这类媒介主要特征为受众既是新闻或消息的生产者也是其消费者。由此可见,新媒体并不是绝对不变的概念,而是一个相对的、与时俱进、不断发展的概念。各国学者大多认为,新媒体是相对于报纸、杂志、电视、广播等传统媒体而言,以数字化电脑网络技术为依托,如微博、微信、BBS、手机视频、数字化阅读平台、数字化新闻网络等。

二、新媒体的类型

新媒体的类型大体上分为三类:数字电视媒体、互联网络和手机新媒体。数字电视媒体是一种电视系统、设备,建立在数字化信息技术基础上的新媒体形式,主要包括数字电视、IPTV网络电视、车载移动电视。互联网络包括新闻网站、网络论坛与社区、博客、网络广播与网络报刊等。手机新媒体是建立在手机接收终端的新媒体形式,包括手机报、手机电视、短信、微信,飞信等。新媒体在新媒体技术的基础上延伸到校园中产生了具有校园文化特色的新媒体形式,主要包括校园网、QQ群、手机短信、手机飞信、微信、电子邮件、MSN、校园论坛和网络微博等能够及时互动的传播形式。

三、新媒体的传播优势

新媒体的发展和应用中,一般具有以下明显的特点:

(一)互动性

以微博、微信为代表的"自媒体"已经改变了相关受众"被动接收信息"的传统,受者可以在接收讯息后,经过一定编辑,通过自己的媒体在网络上向自己的受众(圈子、粉丝)重新发布,成为信息发布者。

(二)时效性

社交网络的应用打破了时空的约束,使用者可以迅速地从大量信息中搜寻、获致有用信息、与他人建立联系。

(三)平等性

新媒体比以往的传统媒体门槛低,应用方便。一个普通人就可以开微博、办微信公众号。

(四)碎片化

新媒体一般内容简单,字数少(微博)、时长短(视频),符合人们快节奏的生活方式,能够满足人们个性化的需求。

随着科学技术快速发展,"新媒体"的内涵和范畴也在技术、媒体的互动中不断创新、不断变化。"媒介融合"就是指各种媒介进行"多功能一体化"的发展趋势。媒介融合趋势的出现,是在互联网对"传统媒体"冲击的大环境下形成的,传统媒体在互联网浪潮下丧失了传统优势,为了寻求生存,与互联网开展合作,电子报、门户网站等形式纷纷出现,提供网络直播、点播服务。

随着信息技术不断发展,许多高职院校都开办了"一报、一网、一台、两微一端",即一个"门户网站"、一份校报、一个校园广播电台、微博、微信、移动客户端。但是,现在大部分高职院校的新闻媒介形式都是彼此割裂的,没有实现相互融合。互联网络技术、"新媒体"的发展,最大的优势就是基于信息海量,有很大的可选择余地、互动性强。高职院校在办报、办网、办台的同时,应该注意信息采集、表达、策略、结构的融合,借助留言板、QQ 群、YY 语音等,加强信息的搜集、反馈,加强媒介与媒介的互动、媒介与受众的互动,形成完整有效的信息传播网络;学校门户网站应着力将传统媒体内容网络化,校报、广播等媒体内容电子化,校内媒介在做好传统发行、播出的同时,办好视频网站、电子报,进行有效网络发布,扩大社会影响,加强高职院校信息化建设,积极开发新媒体优势,突出"新媒体"发展、运用中的"互动性、时效性和碎片化"特点。"碎片化"是由于新媒体具有简单、快捷的特点,文章字数少,视频时间短,适应受众生活节奏特别快的特点,能够更好地满足人们的需求。随着信息技术等科技的不断发展,新媒体将不断发展、壮大。"互动性"如微博的出现让我们可以随时随地了解世界各地的新鲜事,而且微博也可以由受众进行自己编辑,人们通过在自己的网络圈子里发布消息,成了主动发布者。"时效性"是由于网络上的内容非常丰富、全面,人们可以很容易地在网络上找到自己想要的东西,突破时间上、空间上的限制。

相对传统校园媒体而言,新媒体集数字化、多媒体和网络化为一体,具备其自身的传播优势。其一,新媒体具有分众性、交互性、实时性等特点,信息传播打破了时间与空间的限制,信息内容及形式丰富多样,且传播成本低廉,让学生能快捷、轻易地获取世界各种前沿信息;其二,新媒体打破了传统媒体的时间、空间局限,以其开放性、平等性、匿名性等特点,让学生能够借助 BBS、微博、微信、QQ 信息等平台尽情地抒发自己的情感,表达自己的观点、想法,相互交换意见,满足大学生对个性的需要;其三,新媒体跨越了用户之间时空距离、社会地位、文化背景和风俗习惯等,为用户提供了一个"无障碍"交往环境,满足大学生对人际融合以及社会互动的需求;其四,新媒体通过丰富的传播内容和生动、具体、形象的传播形式给用户带来全方位、多维度的感受,大学生可通过新媒体体会校园各种文化带来的乐趣,放松身心,满足其对娱乐和消费的需要。

第二节　新媒体对高职院校校园文化建设的影响

一、新媒体对高职院校校园文化的影响调查

新媒体的范围很广,它几乎涵盖了所有数字化的媒体形式,如网络媒体、移动端媒体、数字电视、数字报纸杂志等,通过新媒体的应用,可以更加有效地进行校园文化建设。实践是检验真理的唯一标准。本文通过问卷调查分析法,直面大学生,探究他们与新媒体之间的关系,以及当前新媒体在高校当中的普及率,确定新媒体对大学生造成负面影响的原因,结合实际情况,提出针对性解决方案,加快建设优质校园文化。

(一)问卷调查

调查问卷法选取上海某高职院校学生作为研究对象,从不同的角度分析大学生与新媒体之间的关联性,并分别对新媒体给大学生带来的积极影响和消极影响进行针对性分析。在此背景下,以实证分析为手段,得出相应的结论,进而提出促进优质校园文化得以建立的相关措施。本次问卷调查是通过新媒体途径进行传播,即在网络平台上创建问卷、设置问题,并通过微信、微博、校内网等方式呈现给大学生,当被调查者填写完毕后,问卷网会自动进行收集整理,并得

到相应的结果呈现给调查者,因此调查者可以随时随地掌握问卷调查的进程。这大大降低了分析过程所消耗的时间,同时数据收集效率大大提升。整个问卷调查过程如下:建立问卷—生成链接—问卷通过新媒体平台进行传播—扩大传播范围—系统自动收集数据—进行分析整理—调查者对原始答卷进行下载—获得分析报告。

(二)教师访谈

1.访谈对象

本人对上海某高职院校 30 位教师,非教学行政人员、领导进行了访谈。在这些教师中,有刚工作不久的年轻教职工,也有工作多年的经验丰富的中年教师和领导,年龄为 25 至 50 岁之间。

2.访谈问题

(1)您是否有使用新媒体的经历?

(2)您是否会通过新媒体与学生进行互动?

(3)你是如何看待新媒体在校园文化建设当中的作用?

(三)调查结果收集与整理

1.问卷调查结果分析

本次问卷调查分析法最终回收 452 份问卷,其中 95% 为有效问卷,数量为 432 份。问题设置情况如下:

第一,题目 1~4 都是当前学生与新媒体之间的关联性,包括使用频率、了解程度、使用方法等。

第二,题目 5~11 都是校园新媒体对校园文化建设积极方面的影响,包括四个层面的影响,首先是物质建设方面,其次是精神建设方面,再次包括行为文化建设方面,最后还涉及制度文化建设方面,例如对校园管理、教师教学的积极影响。

第三,题目 12~18 都是校园新媒体对校园文化在消极方面的影响,包括:①对思想价值观念等精神文化建设方面产生的负面影响,②对制度文化建设中校风建设的消极影响;③对学生行为文化建设中人际关系的消极影响。

第四,除了对学生进行调查问卷外,本次研究还针对学校领导及教师进行了针对性的访谈,通过与领导教师进行访谈,加深对新媒体与高职院校文化建设之间的认识。

调查样本基本情况:总人数 432 人,男性占比 53.24%,人数为 228;女性占比 46.76%,人数为 204。

访谈人数基本情况:人数 30 人,男性 60%,人数 17 人,女性占比 40%,人数 13 人。

表 3-1 显示为大学生使用新媒体的情况。综合上述数据得出以下结论:①目前高校在校生正广泛使用新媒体工具;②与传统校园媒体相比,新媒体的受欢迎程度更高;③虽然普及率非常高,但高校生却依旧对新媒体处于不甚了解的状态。

表 3-1 对新媒体的使用情况

项目	选项	人数	百分比
你对新媒体的了解	很了解	106	24.54
	一般了解	236	54.63
	不清楚	78	18.06
	不了解	12	2.78
你最关注的校园媒体	广播	68	15.74
	校刊	20	5.09
	海报	20	18.52
	校园网	54	12.50
	论坛、微博、微信等	208	48.15
使用新媒体的时间	小于 1-2 小时	12	2.78
	1-2 小时	36	8.33
	2-4 小时	140	32.41
	4-6 小时	120	27.78
	6 小时以上	124	28.70
使用新媒体的频率	经常使用	238	55.09
	需要时间使用	98	22.69
	偶尔使用	84	19.44
	不怎么使用	12	2.78

2.访谈结果分析

表 3-2　访谈对象情况表

编号	年龄	性别	身份
1	43	男	领导
2	30	女	教师
3	49	女	领导
4	37	男	教师
5	29	男	教师
6	28	男	行政
7	45	女	教师
8	36	男	行政
9	43	男	教师
10	28	女	教师
11	40	女	教师
12	49	女	行政
13	26	女	教师
14	29	男	教师
15	33	男	教师
16	42	女	教师
17	40	男	教师
18	32	男	教师
19	28	女	教师
20	35	女	教师
21	44	男	教师
22	32	男	教师
23	44	女	教师
24	26	女	教师
25	43	女	教师
26	37	男	教师
27	25	女	行政

（续表）

编号	年龄	性别	身份
28	35	女	教师
29	26	男	教师
30	50	男	教师

对于第一个问题:您是否有使用新媒体的经历?通过访谈资料分析,所有领导,教师和行政员工都回答有使用新媒体的经历,主要接触的新媒体工具为QQ和微信,从使用频率上来讲,越是年轻教师,使用的频率越高,年龄稍大的教师使用较少,但是整体趋势是越来越多。

对于第二个问题:您是否会通过新媒体与学生进行互动?访谈结果显示,所有人的回答都是肯定的。在互动的内容和形式上,领导比较关注校园文化的建设和舆论引导作用,例如领导会通过官方微博回答学生所关注的问题,发布一些具有广泛影响力的学校最新动态、节日里的祝福、毕业季的祝愿等,同时也会通过留言和评论来直接对同学们对话、点赞,解决同学们遇到的各种问题,拉近与学生的距离,借助自身的影响力,更好地凝聚校园正能量,传播学校积极的思想文化。此外,对于学校比较隆重的校园活动,领导们的参与也能提升学生的积极性,带动校园文化蓬勃发展。老师们则会通过与学生的互动,了解学生的动向,增加与学生的沟通。例如每个老师都有自己班级的QQ群或者微信群,学生与老师交流相对传统方式明显增多,新媒体的使用使学生和老师之间的地位更容易平衡,心理上学生容易接受,也愿意通过这种方式沟通交流。通过关注群动态以及学生之间活跃的发言,老师可以更好地了解学生所关心的问题,对于班级文化的建设和发展有非常积极的作用。对于行政人员来讲,通过新媒体,可以更加高效地完成日常行政事务、发布最新消息、校园文化动态,可以说是一个非常好的工作"助手"。例如,通过校园的各种类型的公共群,可以快速地发布包括各种讲座、交流活动、校园文化活动、比赛等等,通过这种方式能够更加直接快速地将信息传递到每一位同学。

对于第三个问题:你是如何看待新媒体在校园文化建设当中的作用?首先大家都一致认为新媒体在校园文化建设中能够起到积极的作用。领导认为新媒体作为时代进步的产物,新媒体有它的时代优势,新媒体改变了过去知识信息的传播方式,这种形式将带来各方面的创新,它的影响作用广泛而深远,它对于学校推广教育理念,传播校园文化精神,凝聚校园正能量,引导校园内形成良好的舆论氛围,以及对内和对外展示学校积极的形象有非常大帮助。老师们认为新媒体的出现有利于促进校园文化丰富多彩的发展,由于新媒体传播的信息更快更多,互动更容易,使得校园文化的建设更加深入和全面,学生对于校园文化的了解和参与也更多,比如通过新媒体文字动画以及短片形式,传播学校的校训、校歌、校史、校园精神文化等等。行政人员认为,新媒体能够更好地帮助他们开展日常行政工作,组织学生参与校园活动,发布通知,完成各项学生事务,同时新媒体也能够起到监督的作用,促进行政人员更加尽责,形成教育和行政和谐氛围,全面促进校园文化建设。

二、新媒体对高职院校校园文化建设的积极影响

(一)扩展了校园文化建设的平台

1.促进了物质文化建设

新媒体是指以校园网等网络媒体为代表的一系列数字媒体的总称,新媒体能充分发挥舆论导向职能,并将校园文化与社会主流文化相互融合,可以组织开展大型的宣传引导活动,并能在短时间内显示出巨大效果,因此是一种理想的信息获取和传播渠道。同时,高职院校借助新媒体为手段,还能将社会文化和企业文化当中的精华充分融入校园文化当中,这是高校现代化发展进程中的机遇,也是其创建优质校园文化的有效载体。例如校园网等,在很大程度上缩短了老师和学生之间进行交流的距离,大大提升了校园服务的时效性,加快了教学效率,为学生提供更多的学习机会。

校园新媒体使用概况:在 432 份有效调查问卷当中,常使用校园网的人数 192 人,占比 44.44%;常使用应用软件的人数有 238 人,占比 55%;常使用数字媒体的人数有 8 人,占比 1.85%。上述数据当中显示,在建设校园物质文化建设过程中,新媒体硬件的使用担任着强有力的推动作用。然而在所有新媒体硬件当中,数字媒体的使用效率显然不高,所以需进一步加强。表 3-1 显示,广大学生都在使用微博、微信等 App,因此新媒体的推广率和普及率可见一斑。

2.丰富了文化生活

与传统媒体相比,新媒体随时随地都能使用,完全不受时间、空间的影响,并且辐射范围更大,时效性更快,宣传力度更强,因此深受高校学生的喜爱,此时传统媒体渐渐式微。新媒体具有方式多元化的特点,因此能够满足大学生对

校园文化活动的诸多需求。在现代化社会发展进程当中,高校学生的文化生活与新媒体几乎融为一体,二者难舍难分,因此大学生在学习和生活当中使用新媒体的概率大大提升,所以新媒体对树立思想文化观念对学生产生了很大的影响。在这种情况下,大学生可以通过新媒体表达自己的观点,形成逻辑思维能力,提升自身的综合素质。手机媒体随着社会的发展进步不断更新,学生只要有一部智能手机,就能随时随地掌握新闻资讯、热点视频,极大地丰富了学生的娱乐生活,同时还加强了学生与社会之间的关联性。传统的讲座、直播、研讨会等,只能在特定的时间地点展开,然而新媒体平台完全避免了这样的弊端,并且形式更加多样化,高校学生可以充分利用自己的课外实践汲取知识,校园文化的传播更加迅速,影响力大大提升。但在这样的背景下,高校管理者也面临着更大的挑战,需建立完善的监督管理机制,确定校园文化活动的安全性和合法性,避免负面消息的大肆传播。

表 3-3 中相关数据显示:绝大多数高校学子对新媒体活动抱有积极的态度,占比为 49.53%;有部分学生态度处于观望,认为新媒体活动无可无不可,占比为 32.87%;剩下一部分学生对新媒体活动抱有抵触态度,占比为 17.59%。

表 3-4 中相关数据显示:认为新媒体活动能够丰富业余生活的学生占54.16%;认为新媒体活动能够增长见识的学生占比 31.01%;认为新媒体活动能够加强和其他同学互动的学生占比 32.87%;认为新媒体活动能够激发创造力的学生占比 20.83%。说明高校管理者充分发挥了新媒体的积极效用,使学生的课外活动更加丰富,调动广大师生参与新媒体活动的热情,加强学生对高校的归属感,进而建立优质的校园文化。

表 3-3 关于新媒体上校园文化活动的态度以及意愿调查结果

意愿及态度	人数	百分比
很有意义,愿积极参加	214	49.53
意义不大,但可以尝试	142	32.87
没意义,不参加	76	17.59

表 3-4 如果您选择参加,那么对您有什么积极影响?

积极影响	人数	百分比
丰富课余生活	234	54.16

（续表）

积极影响	人数	百分比
开阔视野	134	31.01
加强社交互动	142	32.87
激发创造力	90	20.83

在与学校领导进行访谈过程中，很多领导都提到新媒体在校园内部信息传播和文化宣传上起到了积极的作用，当前学校举办的各种晚会、文娱活动、讲座等均通过线上和线下两种方式进行宣传，新媒体作为线上宣传的主要途径，起到了较好的宣传与推动效果，很多教师均表示运用新媒体进行宣传后无论在覆盖面、宣传效果上还是在活动种类和活动参与积极性上都得到了明显的提升。

（二）拓展了学生获取信息的方式

1.丰富信息获取途径

表3-5中相关数据显示：利用手机媒体获取校园和社会新闻的学生占65.74％；通过校园广播获得校园和社会新闻的学生占比12.04％；通过传统纸媒获得校园和社会新闻的学生占比14.35％；通过身边同学了解校园和社会新闻的学生占比7.91％。从中我们可得出以下结论：在当前社会，由于手机体积小、方便携带、功能多样、时效性高等特点，已经成为传播信息的重要渠道，深受广大师生的喜爱。与此同时，由于社会的发展，直接带动整个网络环境的不断更新，新媒体也随之发生改变，并逐渐取代传统媒体的社会地位，此时校园传统媒体逐渐式微。

表3-5　获取校内外新闻资讯的方式

获取方式	人数	百分比
手机	234	65.7
校园广播	134	12.04
报纸宣传栏	142	14.35
周围同学	90	7.91

2.创新自我学习手段

随着社会的发展，传统媒体已经很难满足高校学生接触社会新知识的需求，为了加强与社会之间的关联性，高校学生开始广泛使用新媒体技术来进行自我学习，丰富自己的见闻，形成多角度思维模式。首先，与传统媒体不同，新媒体技术不需要受到时间空间的限制,并且知识涵盖范围更大,使用更便捷;其次,新媒体技术可以满足高校学生对新视野的需求,除了课堂当中所学知识以外,学生可以从新媒体技术当中了解到更多自己从未接触过的未知领域,从而扩展兴趣面,调动学习热情,结识更多志同道合的伙伴,通过不断的分析交流、探讨互动,促进自我学习能力和综合素质的提升。很多一线教师在谈及新媒体的过程中普遍认为新媒体的出现有效拓展了学生的学习途径,让学生能够提升学习效率,可以利用互联网络进行主动性的学习,这对于帮助学生进行自我提升,形成主动学习思维等有着积极的意义。

3. 扩展人际交往

网络技术的发展,推动了新媒体技术的不断革新,目前大学生所使用的交友类软件种类非常多,例如 QQ、微信、微博等,大学生能够通过这些平台结识更多志同道合的伙伴,通过沟通交流扩展自己的视野和见闻,从而打开人际交往的圈子,扩展社会思路和途径。实际上,大学生往往更容易在虚拟网络当中展现自己,表达自己的观点并和人进行沟通,这种方式已经成为当前社会的重要交往手段,也是大学生青睐的倾诉方式。

表 3-6 中相关数据显示:在被调查者当中,喜欢微博微信这种交流方式的学生占比 54.63%;喜欢面对面交流的学生占比 18.06%;喜欢电话、邮件等交流方式的学生占比 12.96%;喜欢 QQ、电子邮件这种交流方式的学生占比 11.57%;除此之外,喜欢其他交流方式的学生占比为 2.77%。从中可以得出以下结论:当前大学生多采取新媒体技术作为主要交流方式。

表 3-6　您最喜欢的交流方式的调查结果

交流方式	人数	百分比
微博、微信	236	54.63
面对面交流	78	18.06
电话、短信	56	12.96
电子邮件、QQ	50	11.57
其他	12	2.77

4. 扩展思维方式

与传统媒体相比,新兴媒体集内容丰富、形式多样、时效性高、及时互动、个性化传播等优势于一身,因此成为大学生了解信息的重要渠道。新媒体信息时代同时也给学生造成了很大的思想变化,使他们突破传统思维模式的束缚。例如,如果想要跨专业了解其他知识,只需通过新媒体技术搜索关键词,就能得到异常丰富且全面的资料,而在这些信息的支持下,结合学生自身的不断探究分析,就能够形成创新性的逻辑思维方式,并使其在不断的锻炼当中得到加强。新媒体对思维方式的积极影响:在被调查者当中,有 174 人认为通过新媒体技术,他们可以进行更广泛的思考,该部分学生占比 40.27%;有 82 人认为通过新媒体技术,他们可以开阔自己的眼界,该部分学生占比 35.15%;有 152 人认为通过新媒体技术,他们可以改变自己看待外界的态度,该部分学生占 18.98%;有 24 人认为通过新媒体技术,他们并未获得任何益处,该部分学生所占比例只有 5.55%。从中我们可以得出以下结论:新媒体技术在很大程度上改变了学生的思维模式。

(三)促进了教育管理途径多元化

在新媒体技术的支持下,高校管理者可以搭建多元化的新媒体平台,全面掌握学生的想法和实际情况,并站在学生的角度上与其进行沟通交流,拉近彼此间的距离,及时了解学生当中产生的热点问题,并及时有效地解决这些问题。同时,新媒体能够作为信息颁布的平台,学生在上面能够及时掌握考试信息、就业导向、校内新闻等信息,而校方可以将社会主义核心价值观念融入其中,传递正能量,帮助高职院校建立优质的校园文化,丰富广大师生的娱乐生活。

三、新媒体对高职院校校园文化建设的消极影响

(一)对主流文化的影响

1.削弱了社会主流意识形态认同感

高校是为社会输出高素质杰出人才的重要阵地,因此也是促进社会主流形态意识的主体。当前社会正处于互联网时代,所有人都可以是信息的发布者,同时也都是信息的接受者。对于高职校园媒体来说,大学生就是其传播对象,因此要格外重视舆论的引导作用,建立以社会主义核心价值观念为主体、并带有娱乐性质的校园文化。

一方面,要扩展信息的传播渠道,让学生在新媒体技术的支撑下,积极表达自己的观点并展现自我。另一方面,由于文化全球化进程的加深,外国文化当中积极的、正能量的、精华的部分,我们是可以将其融入我国社会文化建设当中,但要严格抵制那些不良的、腐朽的文化思想来污染高校学生的价值观念。

我国互联网的使用者多为高校学生,但此时个体思想最为活跃,他们正在塑造自己的人生价值观,然而新媒体信息时代对他们造成了很大的影响,其中也包括一些消极的内容,这部分影响对社会和谐稳定极为不利。

(二)削弱了传统媒体信息传播的主导地位

在互联网发展过程中,高校是其前沿阵地,而使用范围最大的群体就是高校的广大师生。大学生在新媒体平台上,可以充分展现自己,甚至提出与主流权威不同的见解和观点,对传统媒体产生了巨大的冲击,而学生在这样背景下,其塑造意识形态的过程也受到很大影响。新媒体必须以互联网为载体,学生可以自主选择互联网当中的相关信息,此时不论是信息的发布,还是信息的获取都是一件非常容易的事情。当代大学生都具有个性化特征,通过新媒体平台刚好可以满足他们展现自我的需求。当大学生质疑某一观点时,他们可以通过互联网大范围搜索相关信息进行求证,不再人云亦云、接受灌输,而是敢于发声。由于新媒体的支持,高校学子获得信息的渠道更加丰富,因此出现思想文化变革,在很大程度上减小了高校传统思想政治教育的效果,实际上阻碍了建设优质校园精神和制度文化的进程。

对新媒体消息或者观点产生怀疑时,情感倾向调查情况:在 432 位被调查者当中,有 84 人认为校园媒体更值得信任,占比为 19.44%;有 120 人认为新媒体更值得信任,占比为 27.78%;有 172 人认为官方媒体更值得信任,占比为 38.43%;有 42 人认为通过自己分析得出的观点更具信任价值,占比为 14.35%。

在新媒体还未发展壮大的时候,高职院校一直通过传统媒体进行文化的传播,其特征表现为强烈的主导意识、规范的组织秩序等。而在新媒体时代下,高职院校在开展文化传播过程中,人们的态度和表达形式都是不一样的,此时不再需要"媒介把关人"对消息内容的发布进行严格规范,在一定基础上消除了高职校园受大众以及少部分社会公众对高职校园文化的认知和判断力。虽然没有权威性的束缚,学生的思想自由程度更高,但与此同时学生也很难甄别校园文化信息。传统校园文化建设与新媒体校园文化建设的不同之处在于:前者具有明确的指导性方向,后者则是一个虚拟世界;前者有明确的信息传播主体,后者信息传播主体模糊,并缺乏引导,很难甄别信息的正确性;前者权威性非常高,后者则不断对权威质疑,学生都能表达自己的观点和不同意见。如果没有充分发挥新媒体时代的正确引导作用,将会减小校园文化信息传播主体的地位,消解大学文化说教者的权威,进而阻碍优质校园文化的形成和建立。

(三)校园舆论监管困难

每个人既是信息的接收者,同时也可以通过新媒体进行信息的传播,虽然给大众创造了更多表现自我,提出不同观点的机会,但与此同时也造成了诸多问题。大学生正处于塑建思想价值观念的重要时期,对信息的辨别能力还很弱,此时极易被身边的人、网络中的言论所影响,独立思考能力大大降低,甚至形成不健全的价值观念。由于互联网时代,结合多样化的新媒体平台,这大大提高了阻碍对舆论监管的引导难度,削弱了高校思想政治教育效果。

表3-7中相关数据显示:认为不良信息主要来源于电话短信的学生人数134人,占比28.7%;认为不良信息主要来源于新媒体的学生人数为178人,占比41.2%;认为不良信息主要来源于非法纸媒的学生人数为106人,占比24.54%;认为不良信息主要来源于人为传播的学生人数为24人,占比5.55%。从中可以得出以下结论:新媒体环境亟待进一步优化,否则将阻碍高校媒介监督职能。

表 3-7 接收到不良信息的主要渠道

方式	人数	百分比
电子科技	124	28.7
新媒体	178	41.2
非法纸媒	106	21.54
人为传播	24	5.55

(四)负面现象过度解读

1.影响学生的客观认识

在互联网为背景下,学生已经习惯了在网络虚拟环境中表达自己的观点,或者散发自己的情绪。很多人通过日记、微博、朋友圈、博客等方式来记录自己的生活中的所见所闻,这已经是很多人在生活中重要组成部分。其实,大学生正处于塑造思想价值观念的重要时期,其思想非常活跃,很容易被周围的环境所影响,进而以扭曲的态度对待客观事实,给他们营造出一种虚假的现象。大学生实际上还不能正确甄别信息的有效性,再加上缺乏有效的实证经验支持,所以在对待某一社会事件时容易偏颇。

表3-8中相关数据显示:认为新媒体弊端非常多的学生人数为214人,占

49.53%;认为新媒体带来的好处和坏处均等的学生人数为 156 人,占比 36.11%;认为新媒体并未发挥效用的学生人数为 62 人,占比 14.35%。

表 3-8　社会舆情事件的增加对社会舆论的看法的调查结果

看法	人数	百分比
新媒体揭露的坏处多且明显	214	49.53
新媒体作用好坏参半	156	36.11
新媒体作用不明显	62	14.35

2.影响学生价值体系

随着时代的发展,当代大学生有以下共性:①具有反思与批判意识;②极力摆脱"权威"的束缚;③有自主意识;④独特的生活模式和处事风格;⑤形成特征鲜明的思维模式。大学生借助新媒体手段,能够通过更多的方式认识社会,因此学生的思想价值体系很容易在夸张的负面舆情事件面前被推倒,甚至冲击高校学生的道德标准。当代大学生正准备迈出社会的第一步,也是个体思想最为活跃的重要时期,此时他们正在塑造自己的人生价值观,然而新媒体信息时代对他们造成了很大的影响,其中包括积极的或消极的。新媒体信息对教师和学生的影响在于思想行为观念,在很大程度上提高了学生的见闻,但同时也使学生接触到一些负面信息。

表 3-9 中相关数据显示:认为尚未经证实的传闻完全是虚构的,为提醒他人避免上当而转发评论的学生人数为 111 人,占比 51.52%;认为尚未经证实的传闻需进一步证实,并进行转发评论的学生人数为 130 人,占比 30.3%;直接信任尚未经证实传闻,并进行转发评论的学生人数为 156 人,占比 36.36%;为了博人眼球的学生人数为 38 人,占比 9.09%。从中可以得出以下结论:大多数学生还是具备基本的信息甄别能力,不盲目信任未经证实的虚假信息。

表 3-9　在微博、微信上转发或评论一些没有经证明的消息的主要目的

内容	人数	百分比
提醒他人	222	51.52
不确定以求证	130	30.3
信以为真	156	36.36

（续表）

内容	人数	百分比
吸引眼球	38	9.09

（五）自主交往及学习能力下降

1.导致大学生人际关系危机

从表面上来看,新媒体平台克服了交流的距离感,但实际上却在无形中拉远了人和人的距离,大家都是通过小小的屏幕来沟通,一个人可能同时承担着多种角色,其真实情感都被掩藏在手机背后,而在实际生活中面对面反而没有话题可聊,导致大学生触发人际关系危机,网络社交丰富但现实朋友关系淡化的情况。

表 3-10 中相关数据显示:有 116 人在交往过程中,对自我的关注程度高于其他人,占比 24.53%;有 96 人在交往过程中注重表面形式,占比 22.22%;86人认为在交往过程中有不被理解的情况,占比 21.76%。从中我们可以得出以下结论:新媒体环境中造成大学生的人际关系疏远。

表 3-10　在虚拟空间的交流中对现实人际关系的消极影响的调查结果

影响	人数	百分比
更加自我	116	24.53
交流敷于表面	96	22.22
害怕与人交流	94	19.90
感觉不被理解	86	21.76
虚拟社交不会影响正常社交	60	9.26

2.自我学习探究能力逐渐下降

手机媒体的主要特点为移动性和便捷性。很多教师表示新媒体出现后学生的自我学习、探索求知的动力下降,在新媒体的支持下学生可以快速便捷地获取学术信息,了解最新最全的学术观点,这使得很多学生不再专心学术,转而投机取巧。

表 3-11 中相关数据显示:通过图书馆查询方法解决问题的学生人数为 70人,占比 16.21%;通过请教老师解决问题的学生人数为 42 人,占比 9.72%;通过请教同学解决问题的学生人数为 64 人,占比 14.81%;通过发帖求助解决问

题的学生人数为 174 人,占比 40.27％;通过互联网搜索解决问题的学生人数为82 人,占比 18.98％。从中可以得出以下结论:新媒体环境的学习资源异常丰富,并且通过该手段需求解决问题的比例非常高,然而这种做法显著降低了学生自我学习及探究能力。

表 3-11　在学习过程中,遇到困难,首先想到的方式是进行调查

影响	人数	百分比
图书馆查询	70	16.21
请教老师	42	9.72
请教同学	64	14.81
互联网搜索	174	40.27
发帖求助	82	18.98

第三节　高职院校校园文化建设发展的现状

在国家大力发展职业教育决策的指引下,经过高职院校孜孜不倦地探索与实践,我国高职校园文化建设取得了可喜成绩,一些高职院校通过校园文化建设不断深化内涵建设,推动文化育人改革,提高办学质量,增强办学特色。例如浙江某职业技术学院、兰州某职业技术学院、承德某高等专科学校等院校,凭借行业办学的优势,注重优秀办学思想的传承,注重校园文化建设,使得学校能够走在全国高等职业教育的前列,发挥了较强的示范带动辐射作用。这三所学校都是国家示范性高职院校,在江浙地区、西部地区和华北地区的高职教育界都具有较强的影响力。例如,具有百年办学历史的承德某高等专科学校,该校文化建设起步早、有特色、重实效,注重精神文化的凝练、制度文化的创新、行为文化的规范、教学文化的改进和物质文化的丰富,形成了具有鲜明特色的校园文化体系,成为高职院校"文化的示范"。

国内百所国家示范性高职院校的校园文化建设水平相对较高,然而这个比例仅占 1300 多所高职院校数量的 7.6％,多数高职院校由中专学校、中职学校合并而成,且办学历史较短。有些院校成立后很长时间都会将精力投放在日常的教育教学改革之中,对于校园文化建设的重视程度相对不高,在很大程度上

造成目前国内高职院校校园文化建设整体水平不高的现状。河北省某职业技术学院建院历史虽然较短,但该院从成立初就开始注重校园文化建设,学校在14年办学中实现了跨越式发展,从省示范校迈入了国家骨干高职院校建设行列,获得全国文明单位荣誉称号,尽管建设水平还有很大的提升空间,但仍具有一定的代表性。但是,与国内多数高职院校一样,该院在校园文化建设方面还存在一些问题,这些存在问题基本反映的也是共性问题。

一、高职校园文化建设的主要成果

河北省某示范性高等职业院校,2010 年被相关部门联合确定为国家骨干高职院校立项建设单位,2011 年被确定为全国文明单位。学院占地面积 7 亩,全日制在校生 9 000 多人,教职工 678 人,共有 11 个教学系部,开设 42 个专业。作为一所发展历史较短的地方高职院校,正是基于对校园文化建设的高度重视和积极推进,该院教育教学质量和社会影响力稳步提升。参照国内一流高职院校校园文化建设内容,本文从五个方面简要概括该所职业技术学院自建院以来在校园文化建设方面取得的主要成果。

(一)环境文化建设

该职业技术学院坐落于著名避暑胜地北戴河海滨,优越独特的地理位置和错落有致的教学、办公和宿舍楼群,加上匠心独运的种植景观,使人流连忘返。优美的环境文化既体现了建院初学校领导的系统规划,也体现了建院以来历届领导班子对环境文化建设的高度重视。校园环境在高职学生成长成才中具有潜移默化的熏陶作用。良好的校园环境容易激发学生学习创造生活的热情,培养学生积极健康向上的心理,促进学生综合素质和能力的培养与提升。近年来,该院学生的初次就业率连续攀升,基本保持在 95％以上,一些对接地方经济社会发展的专业初次就业率达到了 100％。尽管就业质量的提高离不开教育教学质量的保证,但也不能够忽视环境文化对学生知识学习和技能养成的积极影响。2014 年 12 月,该院凭借近年来较高的就业质量获得了"全国职业院校就业竞争力示范校"荣誉称号。

(二)专业文化建设

专业是高职院校办学的基本载体。专业办学水平体现高职院校办学水平。专业教学质量决定高职人才培养质量。在 14 年的发展过程中,该院逐渐认识到提升专业办学水平和教学质量的重要性。因此,在强化专业人才培养模式、课程体系、师资队伍、实训基地和社会服务等方面建设的同时,高度重视专业文化建设。各系依托专业特色,着力培育内容丰富的专业文化,例如经济系诚信务实的会计专业文化、管理系积极求新的市场营销专业文化、机电工程系吃苦耐劳的模具设计与制造专业文化、商贸系安全求速的物流管理专业文化等等。这些特色鲜明的专业文化既体现了专业人才的素质能力特点,也激发了专业人才的学习进步。

(三)管理文化建设

高职院校管理是一项复杂的系统工程,包含诸多内容,其中教育教学管理是核心,学生管理、财务管理、后勤管理、科研管理等都必须服务于教育教学管理这个中心,而教育教学管理的主要目的则是保证教育教学工作的有序高效开展。建院以来,该所职业技术学院根据办学实际要求,不断创新管理理念,优化管理结构,完善管理制度,提高管理水平。特别是 2012 年国家骨干校园建设项目正式启动以来,该院先后引进了 CRP 校园管理系统、青果教学管理系统、用友财务管理系统,极大地改善和提高了学院管理水平,形成了高效便捷的管理文化氛围。同时,该院利用信息工程系的师资优势,鼓励信息工程系教师与学生合作研发国家骨干校建设进程管理系统,学院自主创新的管理文化氛围得到了进一步增强。近年来,多项反映学院管理文化或管理模式创新的案例、成果在省市级科研成果评选中屡获佳绩。例如机电工程系"6s"学生管理模式获得了河北省思政政治工作优秀成果奖。凭借丰富的专业和管理文化,以及较高的专业人才培养质量,该系在 2014 年被评为全国职业教育先进单位。

(四)教研文化建设

教师队伍是高职院校教学质量的根本保证。没有素质过硬、结构合理的教师队伍,很难实现教学质量目标和育人水平提高。本院现有教职工 678 人,其中青年教师占到 66.7%。庞大的青年教师队伍既为学院教育教学注入了新的动力和活力,也给学院教育教学质量保障带来了挑战。针对青年教师队伍人数多的现状,该院加大青年教师培养力度,逐年增加青年教师培养经费,并通过开展青年教师业务评比活动,不断提升青年教师业务能力,保证了教育教学质量。同时,该院将每周四下午定为教研活动时间,所有教师都要积极参加所在教研室的活动,并且将参加教研活动的情况与年度考核、评优推先紧密结合起来,丰富的教研活动成了青年教师培养的沃土。2013 年,该院启动了专业带头人和教研室主任竞聘活动,并将竞聘者组织教研活动,丰富教研文化生活作为重要的考核指标,一大批青年骨干教师成为专业带头人,教师队伍水平得到了快速提升。该院现有河北省"三三三人才工程"第二层次入选 1 名,第三层次入选 5 名,市级专业技术带头人 2 名,其中多数为中青年教师,这一点就足见教研文化建设对青年教师成长的积极影响。

(五)行为文化建设

行为文化主要是校园文化活动,近年来该院充分发挥团委、学生处、学生会、社团等组织的作用,定期组织开展志愿者活动、暑期支援服务、歌咏比赛、情景剧比赛、文艺演出、演讲比赛、创业比赛、科技作品征集活动等形式多样、内容丰富的学生活动,拓宽了学生视野,锻炼了学生能力,培养了学生素质,陶冶了学生情操。在教师层面,该院以师德建设为切入点,规范教师行为活动,提高教师育人水平。同时,学院工会定期组织单身青年教师联谊会、乒乓球台球比赛、教师朗诵比赛、文化作品征集、广播操比赛等活动,极大地增进了教师队伍的凝聚力和战斗力,不断为学院教育教学持续发展提供了坚强保证。近年来,该院在学生层面组织的文化活动多次获得省市级奖励,特别是暑期支援服务得到了省市委领导的高度肯定。该院建院以来,连续多次被评为河北省文明单位,2011 年获得了"全国文明单位"称号。这些成绩的取得得益于该院对校园文化建设的高度重视。

二、高职校园文化建设存在的问题

高职校园文化建设是一项长期复杂的系统工程,由于高职教育发展历史相对较短,且可以直接借鉴参考的经验不多,加上高职院校办学资源配置的不合理和不平衡,难免在校园文化建设中存在一定的问题。

(一)建设理念需要继续提高

通过调查走访,本文作者发现该职业技术学院各级领导虽然认识到校园文化建设的重要性,以及文化育人的紧迫性,然而在建设理念上还需要继续提高。该院目前学校的中层领导主要由合并前三所学校的教职工担任,尽管成立后该院每年都定期组织中层干部学习和培训活动,中层干部的执行力得到了快速提升。没有一支素质过硬、战斗力强的中层干部队伍,该院难以实现持续快速发展。然而,目前该院中层干部的学历结构、年龄结构和职称结构还有待于继续优化,多数中层正职干部集中在 50 岁左右,40 岁的中层正职干部偏少,年龄的断档难免会影响到中层干部队伍的整体实力。在走访中作者发现一些干部的管理思想还停留在中专学校阶段,管理知识和管理水平需要继续提升。这在很大程度上制约了该院的校园文化建设的持续发展。从教职工队伍来看,青年教师所占的比例达到 68％左右,多数青年教师尽管理论知识丰富、实践操作能力较强,但是很多教师将多数精力放在教育教学改革方面,既没有校园文化建设的经验,也不关心校园文化建设,更不具有校园文化建设的理念。

不仅该学院存在校园文化建设理念滞后的问题,作者 2013 年多加了首届中国高等职业技术教育研究会文化育人和生态文明建设工作委员会,在听取会议交流报告中发现,很多高职院校也存在这一问题,校园文化建设想法简单,做法单一,没有意识到校企合作是校园文化与企业文化相互渗透的可靠途径。由于对企业文化了解水平不高,认知深度不够,在校园文化建设中正确导入企业文化元素还存在相当大的盲区,甚至还存在部分院校关起门来建设自己的校园文化,造成毕业生在短时间内不能适应企业工作要求。即使有些高职院校在吸收企业文化的过程中也只是体现在实训基地或者校园美化等物质表现方面,过多地停留在视觉表层的文化建设上,例如行业里的企业家雕像、实训车间悬挂制度标语、统一工作服、倒班时间表等等外化的物质表现。到底什么是企业文化? 如何吸取企业文化的精髓? 怎样将人才培养质量与企业文化需求紧密相连? 这些问题都没有经过深思熟虑,更遑论合理应用。校企合作是高职校园文化建设的重要举措。积极引入企业文化是高职校园文化建设的有效途径,但也要认识到校园文化不能等同于企业文化,更不能够让企业文化代替校园文化,要在双方融合互动中取长补短,实现协同发展。

(二)建设内容有待充实丰富

高职院校重视校园物质文化所具有的教育功能,通过环境、氛围的熏陶,使全院师生都能带着一种积极向上的乐观心态开展工作和学习,体现学院"一切为了学生,为了学生一切,为了一切学生"人本主义关怀。校园物质文化包括各种教学楼、图书馆、办公楼、入口的大门等建筑设施,还包括校园内的一草一木、路标指示牌、文化广场、操场、宣传栏、雕塑等实体性物质,大到一座高层建筑,小到一颗铺路石子,都蕴含着学院长期办学与建设所形成的深厚文化底蕴。高职院校借鉴企业物质文化,对于体现高职教育特性、促进学生综合发展、提高师资、增强实训配置水平等具有不可估量的价值。但高职院校在校园文化建设的过程中要将精神文化、制度文化、行为文化与物质文化建设并重,以自身的精神文化做指导,以制度文化作保障,以行为文化做载体,传播校园文化的丰富元素,并结合所处的地理环境及天气气候、区域发展特色,融区域风情与职业院校特色为一体,建出高雅、整齐、个性的校园文化。该学院在坚持自身精神文化的指引方向下制定全面的制度规章进行物质文化建设工作,充分发挥沿海城市的环境魅力,并融入当地旅游单位的企业物质文化因素,尽可能地做到紧紧贴近精神文化建设丰富的物质文化,不能脱离自身的办学精神理念,各项设施、标识都要体现出学院风貌与倡导的思想,结合艺术审美、创新现代、e时代等文化元素,打造具有精神内涵的集传统文化与现代文化为一身优质校园文化。但与多数高职院校类型,该院也存在偏重于物质文化建设,忽视精神文化建设的问题。走访中,作者发现,一些教职工认为校园文化建设就是花费大量人力、物力、财力搞校容校貌,认为搞好校园环境就是做好校园文化建设的重心,导致校园精神文化的建设缺失。实践表明,片面追求校园物质文化建设,依托短期初见成效的建筑或绿化等装饰推进校园文化建设的做法不可取,甚至会造成校园文化建设"假象"。例如大量增加悬挂条幅、增添宣传载体、移植花草树木、修建个性风景建筑等工作虽然具有明显的短期效应,但不具有长期效应。校园物质文化的盲目投入和偏重建设会造成精神文化、制度文化、行为文化建设内容的偏颇,应该统筹推进这四个方面的建设内容。

(三)建设主体亟待不断增加

校园文化建设离不开一定的建设主体,目前国内多数高职院校的校园文化建设主体主要为高职院校,再细化就是高职院校教职工和学生,尽管主体的单一有助于建设决策和建设计划的执行,然而建设主体的单一不利于校园文化建设的深入推进。国内校园文化建设好的高职院校,在校园文化建设中积极争取政府的支持,吸引企业单位参与共建,凭借政府的政策支持以及企业的经费、场地供给。然而,很多高职院校存在"闭门造车型"建设校园文化,单纯地依靠自身实力建设校园文化氛围,认为校园文化建设是学院内部的事情,无需政府与企业的参与。这种做法造成了校园文化建设的水平较低,建设力不从心。从高职院校内部方面,校园文化是由全校师生共同创建的结果,所以校园文化建设的主体应该是多元的。从这个角度来看,学校全体人员都是校园文化的建设者。在校园文化建设中,该职业技术学院十分重视全院师生力量的发挥,基本形成了"人人建设校园文化"的良好局面,学生与教职工的参与度较高,整个校园内形成浓郁的文化气氛。但是在走访中发现,一些人认为校园文化建设的主体是学生,将校园文化等同于活动文化,缩小实际范围同时也造成概念的混淆。还有的认为校园文化建设主要是某一部门、办公室的责任,造成建设主体单一、资源浪费现象的发生。在校园文化建设规划实施初期,学生处、教务处、后勤部、校团委等部门的积极性相对较高,各部门之间的联合沟通较好,但随着建设任务的不断推进,原本多部门合力完成的任务变成某个部门去完成,建设主体的单一化使得校园文化建设规划难以有效推进。

(四)建设规划仍需完善整合

高职院校校园文化建设还处于初级阶段,不论是理论层面还是实践层面都存在漏洞与薄弱环节。精神文化、物质文化、制度文化、行为文化相互关联,形成了一个有机整体,在建设过程中不能"单打独斗",应全方位地综合考虑,这就要求高职院校制定或借鉴自上而下的系统理论做指导,统领全局,并自下而上的实践经验与整体认识,拥有核心理论作战略引导,校园文化建设才能发挥其强大的育人功能。因此需要高职院校领导具有文化自觉意识,文化自觉就是对文化的本质、规律和高校文化职责有感性和理性相结合的认识,一套正确、系统的理论规划必不可少,完善的战略规划有助于推进校园文化建设。该职业技术学院在校园文化建设方面进行详细规划,规划实施中不断加大与企业、行业的联系力度,吸取企业、行业文化精髓,引入企业 CIS 战略内容,努力搭建学校与用人单位之间的文化沟通桥梁,积极组织多方共同开展"文化育人"工程。然而,该院缺少校园文化建设规划的落实方案,各部门从各自的角度出发完成相应建设任务,难免造成建设内容的零散,缺乏连贯性。从整体上看,企业参与校园文化建设的积极性较低,缺少文化理论与实践研究的沟通机制和平台。高职院校应在完善校园文化建设规划的基础上,积极组织各种社会力量,建立丰富多彩的"文化对话"平台,例如行业、企业、高职院校三方文化交流会议、校企开展的实践专家研讨会、政府举行的区域文化大赛以及倡导成立文化建设第三方机构等等,都是可以进行文化交流与互动,形成长远的文化建设策略。

(五)建设手段仍应灵活多元

该职业技术学院不断开辟校园文化建设的新途径,积极建立校企文化交流与合作平台,定期组织企业文化进校园的活动,组织教师到企业顶岗实习,采用云技术、微平台等新技术推进校园文化建设,启用校园网上网注册制,防止不良信息侵入,维护校园文化的纯洁健康。然而,与国内一些高职院校相类似,该院的校园文化建设手段相对单一,或多或少地存在效仿现象,缺乏高职院校应有的职业特征。作为高职校园文化,由于其"高"代表着高等教育的一部分,所以高职院校的校园文化应该具有高等教育校园文化的内涵和共性,但由于其"职"代表着职业教育的一部分,所以高职院校的校园文化又应该具有自身的鲜明特色。高职院校校园文化建设既需要崇尚科学、追求真理、注重人文、倡导自由的大学精神,又要包含崇尚技能、扎根基层、注重实践、服务社会的高职特质。如果刻意模仿普通高等院校的校园文化建设,忽视联系企业实际需求和地方经济发展需求,就会冲淡高职院校的职业性特点。在建设手段方面,现有的高职校园文化建设存在一定的盲目性,仅仅依靠高职院校内部力量,忽视外部力量,手段单一,不利于形成校园文化建设合力,影响到校园文化建设目标的顺利实现和建设绩效的稳步提升。

三、高职校园文化建设问题的归因分析

造成上述高职校园文化建设问题的原因涉及多个方面,既有来自高职院校层面的因素,也有来自社会层面的因素,内外环境因素相互作用,共同影响高职校园文化建设过程及其绩效取得。

(一)办学经验相对不足

由于高职院校普遍成立时间较短,高职教育"文化育人"的积淀不足,这也是影响高职院校校园文化的重要原因之一。定位为高中后实施、有别于普通教育、与行业配套的一种新型教育类型间。随着经济建设和社会发展的深入推进,我国高等职业教育迎来了快速发展,规模不断扩大,各项鼓励性支持性政策陆续出台。然而,高等职业教育在我国发展的历史相对较短,20世纪80年代后期才真正进入规模化发展阶段,历史积淀相对较少,校园文化传承略显薄弱。面对高等教育的大众化发展,高职教育将主要精力集中在招生、人才培养、基础设施建设等硬件方面建设,或多或少地忽视了校园文化这一软件方面的建设工作。实践发展的不足必然影响到理论研究的开展。近几年,随着高职院校的不断发展,校园文化才逐渐引起社会各界的关注,一些国家示范性高职院校、骨干高职院校不断加大校园文化建设力度,使得校园文化建设成为高职院校建设强校战略的重要内容。办学历史相对较短的现状在很大程度上影响了高职院校

校园文化建设水平。因此,高职院校应稳抓自身的本质特征,坚持正确的办学方向,放长眼光,综合考虑内外因素,逐一解决校园文化建设中出现的问题,克服办学历史短的先天不足,不断摸索创新,力争打造出属于自己独有的校园文化。同时,也要积极吸纳政府、企业的参与力度,扩大校园文化建设主体,集中社会各界力量,将高职校园文化与社会文化、企业文化有机结合起来,形成多方共建的校园文化的局面。

(二)建院基础较为薄弱

与普通高校相比,我国的高职院校建校时间短,大部分高职院校是中专学校或技师学校转型或合并建立起来的。转型或合并而成的高职院校存在着诸多问题,尤其是人与人之间相互融合的问题,由此造成师资队伍建设、教学管理、制度调整等方面问题的出现也就在所难免。高职院校建设初期忙于扩展规模、加强基础设施建设,在招生就业等工作上投入大量的人力、物力、财力,以此来不断增强自身竞争实力。同时,也就难免忽视了校园文化建设工作,甚至有的学校根本无视校园文化建设的重要性,相关工作开展严重滞后。即使有的高职院校开展校园文化建设工作,但由于建设初期存在组建前学校文化环境的差异及其影响,使得一段时期内的校园文化建设绩效不明,既要摆脱原有不同文化差异的禁锢与羁绊,也要采取措施不断融合不同文化背景,形成文化合力,塑造特色鲜明的校园文化。校园文化是在学校长期教育教学管理过程中,由全校成员共同参与形成的潜在文化氛围。高职院校建校时间短,基础较为薄弱,导致校园文化建设缺乏动力,造成建设目标不明确、手段百变、理念不切实际等各种问题。随着高职院校的办学实践的不断深入,校园文化建设基础将得到进一步巩固,这有助于校园文化建设的深入推进。同时,高职院校也要加大与企业的合作力度,通过获得企业的支持,逐步增强自身办学实力。也要吸取企业文化精华,逐步建立特色鲜明的高职校园文化。

(三)校园文化建设经验不足

我国高职教育发展历史短,校园文化建设整体水平不高,缺少可以直接借鉴和参考的建设经验。从目前相关研究来看,校园文化研究成果中多数是研究高校的文化建设,对高职的研究相对较少,况且在现有的文章中理论研究所占比例较大,实践经验的研究内容可以说是千篇一律,这也在一定程度造成高职院校的校园文化建设借鉴经验的不足。高职校园文化建设引入企业文化元素是近年来学术界的新提法,一些高职院校对于企业文化的认识尚未全面,对如何合理吸收企业文化元素还未形成系统的认识。因此,高职院校的校园文化建设尚处在初级阶段,需要完整系统的理论与实践经验来推动发展。这就需要高职院校在校园文化建设的研究上应该更加深入一些,创新并总结新的研究成果,加强与企业文化的融合,营造职业氛围浓郁的校园文化。只有将理论研究与实践发展结合起来,才能够切实推进高职校园文化建设。

(四)校园文化建设战略作用认识不够

多数高职院校并没有充分认识到校园文化建设的战略作用,理念认识上的偏差必然会造成实践发展的不足。现实中,或轻或重地存在这些问题:首先有些高职院校的领导重视生源与就业、申报指标等硬性指标的建设,认为校园文化建设是一项务虚工作。认为高职院校的主要任务是追求生源数量与就业率的提高,忽视文化建设,更谈不上对校园文化建设战略的研究。只有当上级主管部门提出加强校园文化建设时,才制定校园文化建设规划,其中难免会照搬大学校园文化建设的做法。只是张贴宣传标语、组织文化教育活动、编写校园文化建设成就海报,这种流于形式的校园文化建设毫无意义,更谈不上特性与个性的体现。其次,高职院校的部分教师对校园文化建设的成效怀有疑虑,对文化的教育功能认识片面,在短时间内看不到成效,就会否定校园文化建设的重要性。通过对上述职业技术学院教师的访谈,了解到部分教师认为校园文化建设并不是当前办学的工作内容,甚至认为校园文化建设只是宣传部门的事情。再次,一些学生对校园文化建设的认识不够,积极性较低,片面地认为学习成绩高就可以满足社会的要求,对于学院的各项文化活动不感兴趣。认识上的不足会影响校园文化建设的正常开展。因此,必须从思想上高度重视校园文化建设,提高高职院校师生对校园文化建设的高度认同,树立校园文化建设新理念,规避简单模仿、照搬照抄的错误做法,真正建设体现高职教有特色的校园文化。

第四章

新媒体环境与多元化视角的高职院校校园文化建设

第一节　基于泛娱乐化背景的高职院校校园文化建设

泛娱乐化就是超出正常娱乐范围,向上涉及本应该严肃对待的内容和向下发展的低俗、恶趣味的文化,是"异化的娱乐",它不再是人们主动获取的身心愉悦的需要。

科技发展的今天,家家都有电视、电脑、智能手机、互联网,使得信息的传达变得十分迅速。这也使得泛娱乐化借助这些载体,得以迅速地发展壮大。

一、泛娱乐化对高校校园文化的影响

泛娱乐时代的到来,极大地丰富了大学生的课余生活。但是,泛娱乐化在带来快乐的同时,也带来了更多的负面影响。

(一)泛娱乐化趋势削弱了高校校园文化的教育引导力

1.影响大学生知识体系构建

被"泛娱乐化"所影响,一些大学生的思维方式正在慢慢改变,部分大学生沉浸在搞笑、恶作剧、真人秀的电视节目中,在欢乐中消磨时光,不再积极思考。更有同学希望老师像喜剧演员一样幽默风趣,上课如表演喜剧节目一样有趣。勤奋好学、锲而不舍、知行合一这些理念和价值观都是我们当今社会所应当宣传弘扬、传承发展的主旋律,然而,在"泛娱乐化"环境的影响下,娱乐行为使大学生忽视了科学认知、理性思考和追求知识,这些现象的出现要求教育工作者给予高度重视。

2.削弱了高校校园文化的思想修养功能

"高校校园文化的思想修养功能主要是指校园文化对学生的思想道德素质

培养和提高所发挥的功效。"思想修养的提升不仅在于课堂内的学习,更多是来源于校园整体人文环境、文化氛围、群体文化活动的影响。

然而,高校的实际情况是大学生课外活动丰富,大学生对课外生活的兴趣远超过对课堂的兴趣。思修课也逐渐成为摆设,越来越不被重视。课外的各种娱乐已经吸引了大学生的大部分关注,大学生能从课堂上学到的思想修养就更加稀少。

除了固定的课业外,大学生的生活几乎浸没在娱乐的海洋中。大学生的思想沉浸在娱乐的欢愉中,无暇顾及其他,极大地削弱了高校校园文化对大学生思想修养的潜移默化。

(二)泛娱乐化趋势削弱了高校校园文化的隐性约束力

1.减弱了大学生的社会责任感

娱乐几乎垄断了大学生的学习和生活,让大学生与娱乐几乎分不开。在笔者的调查问卷中显示有近三分之一的大学生上网是寻求娱乐放松,很少能将网络用于学习;在上网和参加校园活动这两种选择的情况下,53%的大学生选择了上网。可见网络对大学生有着强烈的吸引力。消费、享受娱乐更是被不少大学生当成一种娱乐时尚。有些大学生难以辨别正当的娱乐,在娱乐中忘记自我,逐渐随波逐流地庸俗化,甚至有些学生社团活动为了吸引社员参与,也以"娱乐"为主题,博取关注。

2.减弱了大学生自我管理能力

高校校园文化强调的是大学生自我管理,培养独立人格和自我照顾能力。目前在校大学生大多是90后、00后,大多成长于独生子女家庭,从小获得全家的关注,继而又在升学压力中,习惯了"被约束"。因此,大多数大学生在进入大学后才开始学习"自我管理",自我约束力、自理能力等都有待提高。

高校校园文化本是帮助大学生适应大学生活并锻炼自我管理能力。然而在泛娱乐化的影响下,一方面,大学生被丰富多彩的娱乐所吸引,不再积极参与校园文化活动,将校园文化活动当作负担,而因为学生的不积极参与,学校也就简单地强制性参加,导致学生更加反感,由此形成恶性循环;另一方面,即使参与校园文化活动的学生也大多乐于参加娱乐类活动,举办者为了吸引更多参与者,举办的活动类型也更加娱乐化,由此在不知不觉中,整个校园文化氛围被泛娱乐化所引导。

二、泛娱乐化影响下的高校校园文化建设路径

(一)夯实高校校园文化建设主体的引导作用

1.坚持正确的价值导向

坚持真理与坚持正确的价值取向是统一的。事实上,社会的价值取向与多重价值并存,是社会发展中比较普遍的现象。应该指出,不同观点的讨论和社会观念的碰撞,有利于激发人们的创造活力。

社会有自己的社会价值取向,"社会主义核心价值体系"是作为当代中国的社会价值导向。只有确保社会主义建设的正确方向,才能保证社会主义和谐社会建设的健康发展。

2.大力弘扬民族精神

以爱国主义教育为重点,深入开展大学生民族精神的教育,这是加强和改进大学生思想政治教育的主要任务之一。作为教书育人的主体,教师在教学中,应结合自己的教学内容,将中华民族精神融汇于课堂讲授的全过程,达到水滴石穿的效果。

在高校课堂中讲授中华民族的历史传统和文化传统,结合实例对大学生进行辩证唯物主义思想教育,培养大学生的求真务实的科学研究精神,培养大学生奋发向上、自强不息的品质。

在大学生中培育和弘扬中华民族精神离不开爱国主义教育,用深化爱国主义教育来弘扬和培育中华民族精神,是当务之急,也是百年大计。

3.建设校园先进文化

(1)加强精神文化建设,全面推进先进文化进校园

要提高学生的思想道德素质,就要积极开展"三个文明"活动。①开展"行为文明":为了进一步打造"文明校园"活动,加强对学生法制教育、公德教育和纪律教育,通过定期以校园板报、宣传专栏方式向全校学生宣传介绍"文明校园"工作的意义和工作进展,营造良好的创建氛围。②开展"科技文明":大力开展学生课外学术活动,培养学生的科技创新能力和动手能力,营造良好的学术氛围。引导学生参加科技创新、创业,积极参加科技立项,提高科研创新能力。③开展"绿色文明":学校加强学生的环保意识环保知识的教育和学习,大力倡导"绿色文明"。以绿色环保为依托,以创建"绿色校园"为载体,做到全体动员,全员参与。同时,有计划、有创新地开展一系列丰富多彩的环保系列活动,充分

发挥优势,走出校门参与环保社会公益活动。

(2)加强学风建设,构建先进文化建设成效

通过完善课堂素质发展与能力培养平台,学校应鼓励学生在行中学、学中行,形成思想教育和教学互动互补的教育效应。在开展普及教育的同时,也注重先进性教育,要倡导先进,树立模范大力表扬先进技能,树立榜样,激发学生的学习积极性和自我激励的进取心。

(3)发挥学生在先进文化建设中的主体作用

学生是校园文化的载体,也是校园文化的主体。在日常管理和服务中加强对学生的引导,充分调动学生作为主体的积极性,发挥他们的主观能动性。发挥校园各类宣传组织、宣传媒介的作用,通过各种形式包括墙报、广播、演讲等的宣传教育,宣传校园文化好的动态,促进校园文化健康良好发展,增强学生对校园文化的责任感。

(二)提升高校校园文化建设参与者的积极性

1. 增强大学生的媒介素养

所谓媒介素养就是指正确地、建设性地享用大众传播资源的能力,能够充分利用媒介资源完善自我,参与社会进步。主要包括受众利用媒介资源动机、使用媒介资源的方式方法与态度、利用媒介资源的有效程度以及对传媒的批判能力等。

一般而言,大学时期,是公民规范的媒介素养的初步形成时期。要真正解放年轻人,还需要社会和个人真正认识到网络语言的作用,真正要提高大学生的媒介素养可以有以下几种途径:

(1)找到主要信息源,不用面面俱到。

(2)在积极参与中感受新媒介精神。

(3)在学习表达中发现自我。

2. 丰富大学生社团活动

(1)积极扶持,引领社团活动

首先,学校应重视社团活动的教育力量。这是大学生课外活动的一个重要领域,要鼓励大学生积极参与社团活动。其次,在物质上给予扶持。学生社团活动是大学生因兴趣爱好而自发组织的校园文化活动,其活动经费来源主要是社团成员缴纳的会费,然而社团规模却大小不一,活动经费直接影响到了社团

的发展。所以,学校应对那些开展较好的社团给予资金扶持,甚至可以奖金的形式让各社团竞争获得。最后,学校还应给予方法上的引导。学校可以给各个社团配备有专业特长的教师作为指导老师,从活动的方法上给予具体指导,改善社团运营。

(2)分类指导,优化社团活动

大学生社团从活动类型上大致可分为娱乐、技术、艺术、体育类、学术和社会实践类等几种类型。每种类型都有自己别具一格的活动内容,只有按活动类型分类指导,才能具体问题具体分析,顺利开展各类社团活动,避免一刀切等简单粗暴的解决办法。

(3)突出社会实践,深化社团活动

学校要开拓创新大学生社团活动的内容和范围,使社团活动与社会发展要求相挂钩,不能使社团与社会脱节。

大学生只有在社会实践的切身体验中,才能更好地将社会公认的道德品质、价值观念、法律制度等转化为自己的精神财富;通过实际培训,才能有效地提高他们的组织管理能力、表达能力、分析问题、动手能力和社交能力。因此,学校应顺应社会需求开展一些例如社会调查、社区援助、法律援助、勤工俭学、志愿者服务、暑期社会实践等社团活动,以加速大学生的社会化进程。

3.提升大学生人文修养

(1)坚持育人为本,强化人文素养教育理念

教育理念指导教育行为,以达到教育目标。因此,高校培养综合性社会需求人才,不能局限在文学、艺术、语言、历史、哲学等课程范围内对大学生进行人文素养培育,应充分剖析大学课堂中人文科学知识的内在,激发学生的学习兴趣,加强学生的气质、人格、品质、精神、意志的多方面培养。

解除传统教育模式的片面化的枷锁,从教育工作者到受教育者,自上而下都必须转变教育思想观念,提高对人文素养教育重要性的认识,营造浓厚的人文修养气息,整合高校教育模式构造,推动实施人文教育,确保提高大学生人文素养。

(2)加强高校教师人文素养建设,提升影响力

高校教师是大学教育的实施者和承担者,只有高校教师队伍是具备高人文素养的队伍,高校才有落实人文教育、素质品德教育的基础。根据学生的才能

进行教学,建立促进大学生人文素养培养体系,教育和指导大学生加强自身修养,使高校教师成为促进大学人文素质教育有序发展的主体。

高校应扩大对人文修养教师来源的接受度,增加这方面的经费规划与投入,建设完善教师提升综合素养和教学能力的激励制度。只有不断有计划地提高大学人文教师队伍的人文素养,才能为中国的高等教育事业提供源源不断的动力。

(3)规范人文素养评价标准,将人文素养渗透到教育体制中

健全和完善教育评估机制,提升大学生人文素养有利于科学的决策,同时也是在检查指导教师的工作业绩成果,并能起到规范作用,对实现教育结果的最优化具有导向性作用。

实现人文素养评价系统性、科学性和可操作性的完善机制,需要从两个方面入手。就主体而言,评价主体应为高校的直接或间接教育管理部门,为高校教师的人文素质教育的实现和学生人文修养的提高提供政策、思路和方法指导,组成评定部门,定期或不定期地进行评估。另外,高校在培养大学生人文素养的过程中,也是一个自我调节和良性循环的过程,可以实施更多的人文素养评价的课外活动来提高学生参与的兴趣。

(三)强化高校校园文化传播的影响力

1.丰富宣传形式

(1)从宏观层面推进高校宣传工作

高校要重视全媒体时代的校园文化的推进,创新宣传机制,保证高校校园文化宣传工作的有效运行。

成立负责促进思想政治教育的学校领导班子,推动校园文化工作,统筹规划,统一部署。由学校宣传工作、学生工作、安全工作和网络技术等部门同志参与的宣传工作领导小组,明确党委宣传部、学生工作部和网络技术部等的具体职责,使分工明确,责任到人,切实推进高校宣传工作。

完善宣传信息审查发布规定,制定相关细则,并根据新闻信息的内容与类别进行文字编辑,及时以图文形式报道,主管部门负责人按照相关管理制度进行筛选、编辑、审核新闻信息,并根据宣传信息的内容选用微博、微信公众号、官方网站、新闻网、网络电视等形式的媒体进行实时推广。

(2)加强校园宣传舆论引导

高校一般都有校园文化专题网站,包括社团活动新闻专栏、校园贴吧、微博、微信等,营造有利的网络宣传环境。同时,要成立全媒体宣传队伍,充分发挥全媒体传播优势。

宣传队伍有以下三种:一是官方宣传队伍。高校每个院系都会派专门人员定期报道和收集新闻信息、校园文化活动信息等。二是大学生记者团队。主要协助其他部门开展校园新闻、学校报刊等校园媒体新闻编写和文字编辑工作。三是师生信息宣传队伍。借助全校师生的力量,鼓励教师和学生积极报道周围发生的事件或相互传递热点事件。

(3)善用全媒体拓展宣传渠道

全媒体传播具有内容广泛、信息多样、速度快、覆盖面广等特点。在传统媒体的基础上,加大对新媒体和新技术的重视和运用,积极打造立体化、互动性、全方位、多层次的校园文化全媒体宣传推广渠道。一方面,在充分重视校园网、校报、校园广播等主流宣传媒介作用的同时,积极利用微博、微信、移动 App 等新媒介优势,实现实时发布和实时播报,满足高校师生群体的个性化需求;另一方面,传统媒体所发布的宣传信息通过杂志、书籍等渠道进行发布,同时增加网友评论、相关帖子等作为补充,总结归纳师生间的互动信息,并通过新媒体资源整合报道,使宣传报道更加贴近生活、贴近人民、贴近现实。

2.打造高校校园文化品牌

校园文化是一个学校的灵魂,高校校园文化品牌的建立应该是品质、品位和品相三位一体。

首先,建立高校校园文化品牌,有利于大学精神和价值体系的形成。大学精神不仅是一种文化存在和精神存在,更是一种客观物质存在。作为一所负责培养基础教育改革和区域经济社会发展人才的地方性大学,应不断提升和加强大学精神。提高人才培养质量,服务区域经济社会,是时代和社会的共同要求。

目前,人们对大学精神的关注和反思,表现出极大的热情,但是地方高校的大学精神还没有得到足够的研究。事实上,地方高校与地区经济社会发展息息相关,然而对它们之间关系的研究却少之又少。

其次,有利于师生认同感和凝聚力的整合。作为高校校园文化的创造者和享受者,师生是校园文化建设的主力军。树立高校校园文化品牌,不仅让师生能有参与者的自豪感,也能增加师生对校园文化的认同感和归属感。逐渐将校园文化建设成品牌的过程,也是增强师生凝聚力的过程。

最后,这将有助于扩大学校的影响力和声誉。高校校园文化建设成为品牌后,不仅会成为其他高校的榜样模范,也会增强本校师生的干劲,这就形成了良性循环,使得学校的声誉逐渐扩大,影响力也日益提高。

第二节　基于软实力提升的高职院校校园文化建设

在高等教育学校,文化软实力也是高校的综合能力的较量与竞争力的重要组成部分。高校文化软实力是一种先进文化,可以正确地引领社会思潮,是进行创新的重要标志之一。

高校发展的整体优势主要体现在一所高校的凝聚力与向心力之中。大学精神代表的就是文化软实力,文化软实力对于高等教育具有不可替代的时代意义,给学生带来积极的学习环境,它渗透到高校的每一个地方,包括教学楼、寝室、实验楼、食堂、洗手间等地方,它既是人才的大量汇集,也是大学生思想、人生观、价值观的重要汇集场所。

加强高校文化软实力建设是高校实现可持续发展的内在动力,是提升高校核心竞争力的现实需要,是高校增强其内部凝聚力的关键措施。高校在其发展过程中,建设文化软实力工作几乎渗透到了全校发展所有方面。

增强文化软实力,能够促进个体全面发展的实现,能够凸显特色与个性,而融合了科学、人文等多种精神内涵的正面积极的高校文化体系不仅能够为教职工提供精神动力,更能够激发广大学生激情,集中展现了高校实力,更是其凝聚力的根源。

一、校园文化建设与高校文化软实力提升的关系

(一)加强校园文化建设有助于提升高校文化软实力

高校校园文化是社会文化的重要组成,提升文化软实力需要校园文化给予物质和精神上的支持,同时校园文化在高素质人才的培养,社会历史文化的传承,科学技术研究,物质文化产品的生产,多元文化的交流和传播等各方面都发挥着积极的促进作用。因此,在物质、精神、制度和环境等多个层面的建设过程中,高校校园文化都需要不断进行自身的完善和自我发展,更好地提升社会文化软实力。

1.校园文化为高校文化软实力增强提供人才支持

高校文化属于高校校园体系中的核心,是完成高校发展任务的内在驱动力量,是一种强大的激励因素与信念支撑,成为人们树立崇高理想、追求远大目标的力量源泉。

21世纪的竞争是综合国力的竞争,其实质是人才的竞争。人才竞争不仅是知识水平和技术水平的竞争,更重要的是综合素质的竞争。教育的本质在于提高人的综合素质。综合素质包括思想道德素质、文化素质、专业素质、身体素质和心理素质,其中思想素质是根本。

大学教育的最终目的是培养具有科学精神和人文精神、自由而全面发展的人才。伴随着一批又一批大学毕业生踏入社会,高校所培育的科学精神和人文精神也扩散至社会的各个方面。高校所倡导的文化与价值理念由大学生直接或间接地扩散到周围人群,能够在一定程度上提高整个社会的文化素养和道德水平,从而有力地推动文化事业发展。

2.校园文化是高校文化软实力传承的重要载体

高校的文化意识代表了社会的理性价值原则,凝聚了人类崇高的思想、精神,代表了人类文化的前进方向。它所传播和创造的科学文化知识,不仅能促进大学文化建设,也能促进社会文明的进步。

大学文化是先进文化的传承中心,这是由于社会分工决定的大学的基本职能之一。具体而言,人类生存发展的必然要求是:由专门知识群体来完成人类自身文化文明的传承。其主要方式是:广大教师将自己的学识通过教学活动及各种活动形式传授给学生,特别是将先进的科学文化和思想观念传承给学生。通过这种言传身教完成了先进文化的传承。

(二)提升文化软实力的根本在于加强校园文化建设

高校校园文化在物质、制度、精神及行为等方面的建设,不仅是对自身的持续完善,更是提升高校文化软实力的重要方面。高校的校园文化充分凝聚着高校的办学传统、教学特色、校风、校训、校歌等精神品质,校园环境、基础设施、文化景观等物质载体承载着校园文化软实力,而且可以集中地体现大学教师和学生的道德观念、世界价值取向和行为准则。因此,不断加强高校校园文化建设,对高校营造良好的育人环境和学术氛围都具有非常重要的意义。

1.校园制度文化建设是软实力提升的必要保障

大学治理的前提和保障是完善的大学制度,高校运用大学制度能够协调、平衡各利益主体的关系,处理好权利和义务关系。高校制度文化建设要立足高校实际,必须严格以党的路线、方针与政策为前提,贯彻落实政府的各项法律和法规,遵守社会主义道德观念和行为准则,不断加强管理,培养大学生的行为意识和行为习惯。

大学制度文化是校园文化的核心内容。科学合理的制度为文化理念的贯彻落实提供了重要的保证。大学制度文化是高校办学经验的总结,能够规范高校的教育教学秩序,保障高校办学理念和人才培养目标的实现。

大学制度需要被广大师生自觉遵守和规范,大学制度是一种无形的力量,规范和引导高校师生的行为准则。大学制度是建立在国家法律、法规基础上的法人治理结构、人事制度、工资制度、行政管理制度、教学管理制度、科研管理制度、学生管理制度、财务管理制度、后勤管理制度等一系列的制度集合,这些制度不仅被广大师生全面认知,而且是高校长期发展所积淀的制度文化,成为一种内驱力激发高校的发展潜力,成为提升高校文化软实力的必要保证。

2. 校园精神文化建设是软实力提升的灵魂核心

"天下之至柔,驰骋天下之至坚"。在大学文化中,大学精神是建立在对高等教育的本质、办学规律、时代要求的基础之上的理想信念,是全体教职员工在长期的实践过程中形成的科学的积极的高层次的群体意识和氛围。这种群体意识和氛围反映历史传统、文化品位、个性特征的一种精神文化形态,是高校在长期的文化传承创新过程中沉淀、整理、提炼出来的被大学生认同的大学文化核心。

校园精神文化因历史的沉淀而博大精深,因时代的变迁而与时俱进,是大学生命的源泉,是高校发展的动力。校园精神文化是不懈追求真善美过程的统一,是促进高校自身和推动社会和谐、全面、协调发展的统一,是高校普遍本质的共性与"和而不同"的鲜明个性的统一,是探索求知和知识创新的统一。

高校的大爱精神最直接的体现是爱国,任何高校都是立足于国本为国家培养栋梁人才的,致力于造福社会造福人民,致力于祖国的发展和社会的进步。在大学精神中,我们深切地感知到对知识的渴望,对真理的追求,对科学的崇尚,对公正合理的社会理想的不懈努力,也折射出对报效祖国造福人类的使命感和责任感。

追求真理的过程是无止境的,只有不同的观点、不同的理论、不同的学科之间相互切磋相互交锋,才会让真理离我们越来越近。"百花齐放、百家争鸣",是大学精神的又一体现。学术民主、百家争鸣的宽容不仅反映了科学在比较中鉴别、在矛盾中发展的事实,也要求大学生有兼容并蓄的胸怀,有坚持实事求是、服从真理、追求真理的态度。

3.校园行为文化建设是软实力提升的根本目的

校园行为文化是精神文化、制度文化、环境文化建设成果的体现。在我们的心中有着一个共识:无论是从事高等教育的人还是接受过高等教育的人,其行为举止都应该区别于没有接触过高等教育的人,在言语、社交、处事方面都应该文质彬彬。孔子曰"文质彬彬,然后君子"。

行为文化是校园文化中最活跃、最生动的展现,我们能感知到的文化形态都是行为文化。大学管理行为是大学文化特点和品位的集中展现。大学管理的出发点是坚持以人为本,它的过程是人的发展,基本的落脚点是满足大学生的物质和精神文化生活的需求。高校的管理理念充分体现了大学生的需求和权利追求。

高校教师是知识的传播者,教师在教育教学中应该坚持与时俱进,不断探索新的教学理念和教育方法,开拓创新、集思广益,不断提升自身的素质和修养,用先进的理论武装自己,加强学术研究和教学改革,更好地服务于教育教学工作。大学生行为与学校和社会关系十分密切,也是大学特色的行为文化表现。

高校要积极建构符合大学生学习、生活的模式,提升大学生积极性和创造性的多样平台,加强大学生的自主管理和监督,强化大学生参与的积极性,培养大学生形成良好的行为方式。

二、加强校园文化建设提升高校文化软实力的对策建议

(一)优化校园环境文化建设,形成吸引力

1.校园景观文化内涵

校园景观建设是高校文化软实力提升的基础,在校园中加强景观设计的质量可以为学生提供较多的学术交流平台,学生可以在其中尽情地进行学术观点的表达,合理地利用校园的景观,将校园中的文化氛围提升起来,让学生可以随时随地感受到学校的文化氛围,并在这样的文化氛围中受到潜移默化的影响,逐步地对校园文化进行关注,积极配合学校的文化建设,参与学校的各类文化

活动。

校园景观文化可以看作是校园文化的一部分,景观文化的建设结合校园发展的实际需要,和学校的发展目标以及整体的环境相适应,这样才能将校园景观建设的意义全面地提升起来,增加教师和学生对文化的认同感,从而将校园文化的景观与校园文化软实力结合起来,增加学校景观设计的规范性,提升校园文化建设的创新力。

2.开放文体场所设施

文体场所是校园中学生和教师进行交流的场所,这些场所的开放对于学校整体的教学质量的提升具有较为关键的作用,学生可以在学校提供的场所中不断地提升自身对校园文化的认同感,在学校的引导下进行各项文体活动,久而久之就形成了对校园文化的思想统一。

文体场所的设立增加了学校与师生之间的交流与沟通,通过相互之间的交流,师生之间的了解不断地增加,学生可以针对自己的思想和教师进行积极的交流与沟通,教师也可以积极地针对学生的想法反思自己在行为习惯上的偏差,从而全面地将各种思想和行为习惯进行调整,加快校园文化软实力建设的步伐。结合教师和学生的意见,了解教师和学生对校园文化的理解,从而掌握更加科学的方法对校园文化进行创新,从而全面建立适合学校发展的校园文化。

3.改善教学生活条件

教学条件和生活条件对高校文化软实力的影响也是非常关键的,但是这部分经常受到忽视。我国教师,特别是高校的教师,面对的不仅仅是课业的压力,同时还包括来自科研和职称等方面的压力,这样的情况下教师就不得不将工作范围进行缩减,较多地关注自身的发展,对校园文化的关注不足。因此需要将教师的教学环境进行改进,减少教师在学术方面的压力,让教师有精力对校园文化建设进行关注,并在教学中有所侧重,从而将学生对文化建设的重视程度进行提升。

对于学生来讲,特别是大学生在大学期间除了课堂教学活动,宿舍是主要的活动区域,因此这方面的环境对学生整体能力的提升具有非常关键的作用。如果能为学生提供较好的生活环境,学生就会提升对学校的认同感,对于学校的各项措施进行积极的拥护,有利于学校文化建设的开展,加快校园文化建设的步伐。

(二)规范校园行为文化建设,增强凝聚力

1.创新校园文化活动

高校文化软实力的提升需要校园文化活动作为辅助支撑,因此在开展校园文化的过程中需要根据实际需要开展各种文化交流活动,将校园文化的建设和丰富多彩的校园生活结合起来,保证校园生活整体质量的提升。

校园丰富多彩的文化活动需要围绕学校文化建设的内涵,不能出现偏离基本文化内涵的活动。科学开展相关的文化活动,学校学生会等组织要积极地针对文化活动进行规范化的指导,防止其中出现较多的偏差,这样可以更加全面地对文化活动进行管理,掌握更多的文化活动建设方法,全方位将校园文化活动展示出来,提升整体的校园文化管理质量,为校园文化的整体发展提供全面的支持。

在此基础上需要对校园文化活动形式进行多样化的处理,摆脱传统的依靠晚会、辩论等形式,将活动范围进行延伸,让学生在现实活动中施展才华,达到检验学习效果的最终目的。

第一,根据高校的培养目标,合理设置专业性强的社会团体,让在校学生能够拥有更多的实践锻炼机会。

第二,不断提升校园的文体活动质量,打造具有传统特色的文体活动,不断提升活动的品质。

第三,积极适应时代发展的需要,创新文化活动。加大对校园文体活动和社团的专业指导力度,重视指导老师的作用,将指导成绩计入高校教师的年终考核和评定,积极鼓励和指导老师更好地服务学生,提高大学生的专业技能,给大学生的实践活动和文体活动带来新的源泉。

2.引导个人文娱活动

学校可以引导学生和教师进行个人文娱活动的建设,不断开展有意义的个人活动,积极培养学生与教师的兴趣爱好,例如引导教师和学生进行体育锻炼,这与人们越来越关注健康有着密切关系,也是室内休闲娱乐的重要组成部分。开展以健身为主题的运动保健型休闲娱乐项目,如乒乓球、台球、游泳等体育运动活动,学校可以充分利用校园器材建设的优势,对教师和学生的个人素质进行提升,从而全面控制教育的过程,保障教育的科学性与规范性。

同时,也可以针对学生的鉴赏能力和艺术水平进行培养,定期开展艺术鉴赏活动,培养学生科学的鉴赏能力,将学生的内在美全面培养起来,从而在文化建设的过程中使学生和教师可以认识到文化建设的重要意义,积极响应学校文化建设的各项活动,不断提升校园文化软实力,增加校园文化的影响力。

3.树立校园文明风气

校园内文明风气的树立也是软实力的表现方式的一种,优质合理的校园文化能够表明学校积极的科学探究态度、丰富的文化内涵、优质的学习氛围、学生与教师较好的个人品德以及积极进取的精神。

研究发现开发学校的文明就是对学校内学生与教师的培训,因此培养优质的校园人文氛围已经成为搭建优质校园文明的重中之重,学生与教师良好的人文精神同时可以间接地对学校的文明风气培养起到重要的作用。

老师是在校园范围内与学生接触最多的人员,因此老师很容易成为学生第一学习的对象,老师的行为方式与言谈举止均能够对学生产生一定程度的影响。所以,教师的自身言行和自我修养,对树立校园文明风气也是非常重要的因素之一。

(三)完善校园制度文化建设,加大约束力

1.完善学校管理制度,倡导学术自由

高校师生具体行为和规范的模式共同构成高校管理制度体系,高校管理制度的建立一方面能够促进教育教学和学术科研工作的正常实施,另一方面能够维护全体师生的利益。我们在加强校园文化建设时,依据我国关于高等教育的教育方针,坚持一切从实际出发的原则,制定和实施符合管理的制度,如学校的人事管理制度、学校的招生制度、学校人才引进制度、学校的后勤保障制度、学校的教育教学规范制度等。

大学生作为高校校园文化建设的主体,高校应该坚持以人为核心,将大学生的利益放在第一位,不断加强和完善校园安全管理体系,真正维护大学生的生命、财产安全,实现大学生的合法利益,保护大学生的安全。同时,高校通过出台一系列贫困家庭学生助学制度、高校大学生就业促进方案等,切实让困难学生能够如期完成学业,使大学生能够在学校里学有所长、掌握基本的技能,步入社会后,顺利找到工作。高校通过开展社会实践、与企业合作等多种形式,加强大学生的就业促进工作的有效开展。

学术作为大学文化的主要承载物质。研究发现,目前的高校针对教育方面使用的是两级管理的方法,比较侧重于坚持地方的主体地位,并且行政与教育管理不分家,高校采用强有力的行政权干预教育教学工作。

高校作为学术自由的阵地,为更好地保障和行使高校的学术权力,通过制定和完善相关的管理制度严格保护和加强学术自由,真正实现学术权力得到有效的保障,合理对待行政权力与学术权力,辩证地看待两者的关系,针对学术事务保证其规范透明、学术活动自由、公开,并且能够得到有效的管理和监督,营造一个自由、宽松、和谐的学术环境氛围。

2. 加大"三风"督察力度,营造良好氛围

高校的行政管理人员、专业授课教师、在校学生携起手共同努力才能够不断加强和提升高校校园文化建设的影响力和水平。由于分工的不同,各类人才在高校中所扮演的角色不同,进而导致所发挥的作用也不同。例如,高校的行政管理人员主要是以高校的行政管理事务为主,作用是加强党内民主决策、党风廉政建设,科学规划高校的日常行政事务和管理,全力推进高校日常管理的科学化、民主化和常态化。广大专业授课教师的主要任务是日常的教育教学工作,教师应该不断加强自身学术和科研水平,提高教学水平,以全新的教育教学理念提高大学生的专业知识和技能。在校大学生的主要任务则是认真学习科学文化知识和专业技能,不断培养自己各方面的知识和技能,积极建构知识体系和储备完善技术技能水平。

高校的行政管理人员、专业授课教师、在校学生应该依据自身的职责范围,各负其责、各司其职,无论是在管理岗位上,还是在教育教学、接受知识的学习岗位上,都应该认真、细心、全身心地投入。同时,制定科学合理的高校规章制度,进一步约束言行举止,进一步规范高校的管理,加大校风、教风和学风督察力度,确保高校各项工作稳步推进,营造一个廉洁清明、学术氛围浓厚的大学校园环境。

3. 加强校园文化规范管理,提高遵守规章制度的自觉性

文化建设已经涉及高校各个方面的建设等多个问题。校园文化内容和主体具有广泛性,提升对校园文化的控制力,能够保证多个主体之间相互配合好。高校对以上内容实施规范统一的规章制度,针对高校内部的不同文化进行限定与管理。不断调整文化规范管理来适应当前高校校园建设,通过开展"纪念辛

亥革命一百周年""雷锋纪念日""世界环保日""世界无烟日"等富有纪念意义的活动,激发大学生的历史使命感、社会责任感,增强大学生的生态保护意识。

通过整齐有序地悬挂内容积极向上的横幅、条幅等增强文化内涵,积极开展社会公益活动、社会志愿者活动、社会实践活动来加强校园文化建设。加强校园文化市场的督察,加大对学校内流通书籍与刊物的管理,使那些劣质、消极的图书、杂志、录音以及影像等得到彻底销毁。

通过强有力的管理不断提升校园内广播节目、校园网络内容质量,从而达到针对以上内容的良好的监督与管理。对现在比较流行的选秀、流行歌曲等一些比赛以及一些娱乐性、刺激性比较严重的节目发自内心地拒绝,鼓励支持高雅艺术、科技类项目、健康体育项目进校园,加大对校园文化活动的科学化、动态化管理。同时,对班级业余活动、寝室活动等一些娱乐活动进行合理引导,逐渐增加活动的品质,这样可以为高校育人能力发挥良好的作用,对校园环境建设有着很大的帮助。

加大校纪校规宣传教育,提高师生遵守规章制度的自觉性。学习有关制度的构建以及实施,一定要完全坚持"教育为主要地位"的原则,全部规章体系都要从学校实际以及学生发展的角度进行考虑,确立"惩罚作为辅助手段,教育为主要手段"的理念,引导大学生行为规范化、自觉化。

(四)丰富校园精神文化建设,提升精神力

1.加强爱国主义和理想信念教育

坚持以社会主义核心价值体系为指引,全力推进高校校园文化建设,强化高校大学生爱国主义和理想信念的教育,加强民族精神和时代精神的弘扬、传承和推广。目前的社会形势,对高校校园文化建设有着不可忽视的影响,所以,不断加强爱国主义以及理想教育有着不可忽视的意义。爱国主义已经作为了中华儿女成为值得骄傲的传统,当代大学生应该将这种传统发扬下去。

爱国主义是伟大的情怀,爱国主义作为一种信念,已经成为中华民族的精神力量。加强大学生的爱国主义教育,有利于增进大学生的爱国情怀,增强民族自信心与自豪感,以饱满的热情投身于社会主义建设中。爱国主义是自我践行的具体行动,不是空口号,它深深地储藏在每个人的心灵深处,对个体的言行起到潜移默化的感染作用。爱国主义教育应放在大学校园精神文明建设的首位,高校通过每周一的升国旗仪式、开展爱国歌曲传唱等有意义的活动,充分激发大学生的爱国情怀;人们通过艰苦卓绝的奋斗才有了现在的美好生活,教育大学生要珍惜美好生活、奋发有为、不断开拓创新,将爱国情怀践行到实际的学习、工作和生活中来。

理想信念教育具有强大的驱动力,能够最大限度地激发大学生的活力,克服困难,取得成功。高校要注重大学生的理想信念培养,时刻强调共产主义信念,确立远大的理想,确立符合当代发展的三观,扎实学习党的重要思想和方针政策;积极开展各项有意义的活动,将理想信念教育贯穿于大学生的日常学习、生活,使大学生健康成长、全面发展。

2.加强生命安全教育

当前,因某些高校对生命安全教育重视程度不够,认识缺失,预防不到位,生命安全教育成为校园精神文化建设不可或缺的一个环节。

高校应该通过开展"珍爱生命"为主题的专题报告会或者演讲会等,加强生命安全教育的宣传力度,提高大学生对于生命安全的意识和认识,使大学生能够真正了解和熟悉生命健康安全的重要性,珍爱生命,远离侵害,通过法律手段保护自己的合法权利,不可以意气用事,妥善处理矛盾和纠纷,用宽容、善良、包容之心善待一切人和事,发挥一己之力,为构建和谐校园做出自己的贡献。

3.重视学生个性和创新能力培养

高校依据自身的教育教学目标和教学任务,按照教学计划和教学流程稳步开展各项工作,严格按照具体流程和相关的规章制度来规范教育教学和行政管理工作,尤其是高校正常的教育教学工作更应该按照规范化流程进行监督和管理。

高校采用规范和统一的规章制度和严格的行为规范来约束高校的教育教学和管理工作,真正切实地保障高校良好的教育教学工作秩序和教学效果。学校开展正常的教育教学工作最基本的要求是教育的规范化。但在现实社会中,大学生聪明才智的发挥和才能的施展在一定程度上都受到高校教育规范化的束缚,因而会导致在其影响下,大学生会受到千篇一律的约束,致使大学生个性特点和独特的创造性很难得到有效发挥,造成很多大学生成为学术科学知识的附属。

因此,高校必须做到在规范化实施教育教学管理工作的基础上,不断开拓创新、积极探索,充分给予大学生充足的创新和创造的环境和空间,使大学生能够有充足的时间和精力来施展自己的才能,并掌握相关的技能,独立思考,开拓创新,更好地实现个人的价值。

目前,各专业学科的科学化、专业化发展受到了高校的特殊重视。例如:学习文科类的学生应该加强对基础的人文社科类知识的把握;学习理工科类别的学生应该注重对理工类相关知识的研习;学习艺术类的学生应该重视对艺术特长的培养。然而,当前我国高等教育呈现出单一化、专业化的教学倾向,会导致学习理科的学生缺乏人文素养,而学习文科的学生不具备基本的科学精神。

大学生步入社会后,呈现出具有一定的学术知识,但是基本的文化缺失;富有一定的学识,但是缺乏必备的修养;能够掌握一定的学术理论知识,但是缺乏基本的专业技术能力。因此,素质教育在高校的实施刻不容缓,高校应加强全体大学生的思想道德教育,不断提高科技文化水平,促进大学生身心健康发展,培养大学生创新意识和创造能力。

在高校校园文化建设中,高校要不断营造良好的创新创造环境,提供宽松的外部环境,培养大学生的创造活力;不断培养大学生的创新意识和创新能力,激发大学生对未知事物的探知欲,提升自身的创造力;不断培养大学生认真思考问题、发现新问题的能力;积极开拓大学生的创新思维,正确引导大学生逆向、求同、求异的思维方式;积极鼓励和引导大学生开展创新实践活动,加强高校校园文化建设,不断磨炼大学生的意志品质,创造性地开展实践活动。

高校软实力不仅仅是高校本身建设的成败,还是国家竞争实力和人民幸福指数的具体体现。高校只有不断提高软实力,才能更好地促进硬实力的协同发展,才能培养出更多优秀的人才,提升学校的整体竞争力。

校园文化软实力建设是一项复杂的系统工程。一方面,需要对学校的文化传统进行传承,保证学校在校园文化软实力建设方面具有自身的优势;另一方面,需要可持续发展的机制保证,坚持与时俱进,不断探索,制定适宜的文化发展规划,打造环境优美、制度健全、行为规范、精神丰富的校园文化,将高校文化软实力的引导力、凝聚力、保障力、示范力、影响力、竞争力、传播力、辐射力、创造力和生命力完美地展现出来。

第三节　基于地方应用视角的高职院校校园文化建设

文化对人们有深远持久、潜移默化的影响,地方应用型高校校园文化也如此。好的校园文化对全校师生员工的价值观、行为方式、生活习惯等都会有潜

移默化的作用。地方应用型高校校园文化建设对策如下:

一、加强校园建设,丰富物质文化

校园物质文化是校园文化建设的前提和基础,是师生校园生活的物质保障。校园物质文化包含着各个方面,感染和影响着师生甚至职工的思想观念、日常行为、所获的知识及技能,与广大师生员工的利益紧密相连。同时,物质文化是高校的物质载体,是"现代高校综合实力的重要标志和最明显特征"。

地方应用型高校领导层需认识到物质文化的重要性,利用校园中的物质资源,考虑到师生各方面的需要,例如要满足师生教学科研需要、满足学生活动需要或是给师生提供环境熏陶等。

(一)完善校园建筑设施,突出自身特色

校园的基本建筑设施是物质文化建设最基本的硬件要求。谈到高校,脑中最先浮现的就是校园的建筑设施,是师生学习生活的重要场所。校园建筑是最先在校园文化建设规划中出现的,是学校的外观形象。

基本建筑要具有特色,可以体现出办学特色,避免同一化。

第一,从学校角度说,师范类院校的建筑风格要体现其独特之处,大多数师范类院校培养的是教师,可以在院校类有个代表性建筑,例如蜡烛类的;从专业角度说,管理类的专业教学楼,可以有代表管理的 logos,而不是干巴巴的"管理系"三个字,或是在教学楼内设置一些管理者模拟现场情景,让人一眼就能明白自己进入的是管理学教学楼。

同时作为应用型院校,不能局限于应用实践,还应具备科研能力,所以每个专业或院系教学楼都应有属于自己的实验室或者模拟室。

学校的基本建筑设施是为师生学习生活提供便利的,规划前要从师生的角度考虑,生活区、教学区、活动区布局要合理,使他们能更好地学习、工作和生活。

学校是个"小社会",要给予学生学习交流的平台,教学区、生活区、活动区尽量避免区分度过强,不要刻意把文科与理科分开,可以共享活动区,便于不同专业同学之间相互学习沟通。

校园的仪器设备、实验器材、体育场、图书资源等要为学校办学理念服务,要充分利用学校仪器设备,提高学生占有率,尽可能避免一些烦琐的程序过程,使其能物尽所用。

同时也可以对外开放,例如场地对外开放、图书对外借阅等,满足学校服务社会的需要,体现出应用型院校能为社会或地方提供基础设施和便利条件。

(二)改善校园文化环境,体现育人作用

高校是教育人发展人的场所,优美的校园环境对学生奋斗目标的树立、综合素质的提高、日常文明行为的养成、潜能的发挥等都有着潜移默化的作用。学校要结合物态环境和自然环境,既要改善宿舍、食堂、教学设施等条件,又要加强学校的绿化、名人雕塑等环境建设,营造独具自己文化底蕴的校园环境。

改善校园文化环境,要认识到环境的潜在功能,是一个隐性课堂,可从以下方面着手:

第一,学校建筑要与校园绿化相协调。和谐的园林氛围,可以满足校园人审美的需要,让他们感到心情愉悦、豁然开朗,成为他们工作和学习的精神动力。绿化可以为校园建筑增添外观美,使其看着更加和谐、对称,而不显得突兀奇怪,让师生产生亲切感和充实感。

第二,增添一些富有影响力、感染力的人文景观。在校园里增加一些历史人物或大事件简介,如果与学校有密切关系甚至对学校产生重要作用的人或事就更好了,这能使师生获得荣誉感和自豪感,提高修养和陶冶情操,对培养师生员工审美有着重要影响。对于地方应用型高校来说,刚经过转型发展,其文化底蕴不足,更需要增加人文景观的建设,有效利用物质景观增强人文氛围。

学校加强校园文化环境保护意识,不仅增强师生保护校园一草一木的责任感,体现其主人翁精神,还能对师生日常行为方式加以培养和约束,共同营造一个干净健康的校园环境。

(三)及时更新文化设施,创造优质校园环境

随着社会经济的发展,校园物质文化也要跟随时代潮流不断变化,这样才能不断满足校园人的需求。文化设施设备主要分为建筑物与文体设备两大类,对校园文化建设有着不可替代的作用,是校园文化建设的物质保证和前提条件。地方应用型高校往往比较注重实践基地和实验室的建设,在文化设施建设方面总是略显逊色。这是错误的认识,文化设施的建设对师生员工有着潜移默化的启迪和教育作用,应该给予足够的重视。

1.注重图书馆建设

图书馆是高校的标志性建筑,显示了学校的文化底蕴,是开展人文教育的一种方式。优质的文献资料,有利于提高师生知识获得的质量,同时也提高师生道德情操和审美观念。

同时高校需借助网络的作用,创办各种电子读物、超新星图书馆等来传播科学文化知识,拓展他们获取知识的渠道。此外,图书馆同教学楼而言是第二个学生集中的场所,在馆里学生的不文明、不礼貌行为都会受到约束和管制,如占座、撕书、大声说话等行为都是不允许的,如若发现将会被管理员制止并批评,这从另一个层面来说,对学生的行为方式有着规范约束作用。

1. 注重文化活动设施建设。

学校要及时完善文化设施,为学生日常活动提供场所。

第一,要及时完善校园硬件设施,比如先进的教学设备、舒适的宿舍和食堂环境、宽阔的运动场等,这些都是学生日常学习生活的重要场所,要随时关注及时更换相关器材,尽可能为学生创造优质的学习生活环境。

第二,加强校园文化活动场地建设,及时更新校报、广播台、读书角等场地设施,同时要与时俱进,根据学生需要和社会对人才的需求,创新校园文化活动的新形式,开展丰富的校园文化活动,为学生提供充足的平台展现个人才华,让其在学校中得到全面发展。

第三,学校可以建立解压室、心理咨询室、学术沙龙甚至是专门的休息室,便于学生舒缓压力,释放学习或生活压力,培养良好的心理素质。

二、完善制度体系,浸润制度文化

所谓"没有规矩不成方圆",地方应用型高校若没有约束规范制度,其一切校园活动将难以正常有序运行。学校规章制度是学校各项活动顺利开展的机制保障,是全校师生员工在其工作学习和生活中认同并自觉遵守,有着强烈的约束和规范作用。学校制度是地方应用型高校校园文化建设顺利开展的保证,影响着学校的整体发展。

地方应用型高校要十分重视学校制度的制定,并保证其科学性和民主性,让全校师生员工认同并自觉遵守。

目前,地方应用型高校在转型发展中不断探索和尝试,在办学规模、招生、专业建设等方面有了稳定的发展,但仍有部分院校因发展中心的改变和重视力度不足,造成其自身制度建设的欠缺,进而影响学校其他方面的发展,所以地方应用型高校需强有力的、科学合理地完善制度作为支撑,以确保校园文化建设正常有序进行。

(一)构建"实践＋应用学术研究体系",均衡科研与实践关系

地方应用型高校新的"实践＋"人才培养模式,主要改变了传统高校人才培养重学术、轻实践的现状,依据陶行知"教学做合一、手脑心并用"的教育思想,改变实践不足的现状,突出实践,更加突出应用型人才培养。地方应用型高校以培养对接地方产业、行业的一线工作本科层次人才为办学目标,满足地方经济发展的需要。

地方高校培养应用型人才时,要主动承接区域优势产业、产品开展科研任务,走应用型学术研究的道路。建立各种科研院所,加强科研机构和地方企业之间的联系,凝聚科研优势和力量,通过提供技术指导、技术转让或者技术入股等方式与企业开展科研合作,使学校的科研团队和科研平台在区域社会创新体系中发挥重要作用。

(二)全员参与制度建设,体现人本主义精神

"好学校总会创造出一种集体认同感,而受人尊重的集体能够创造出认同感和内聚力"。制度文化建设要遵循"以人文本"理念,重视全校师生员工的主体作用,鼓励他们积极参与制度文化建设,广泛征求建议,根据学校自身需要和综合全校师生员工要求,科学民主地制定和完善规章制度,使学校制度能真正为师生员工服务。就学生管理制度来说,地方应用型高校需先明确应用型本科院校管理学生的总目标,要根据当前社会对高校学生的总要求、学校的办学理念和地方经济发展的需要来确定目标。

建立学生参与决策和管理制度,能提高学生参与学校建设的积极性,加强学生自我教育,使其在校园生活中得到全面发展。不仅如此,地方应用型高校还应加强校学生会、院学生会以及社团组织的建设,鼓励学生积极参加,从中锻炼自己。这种以学生为主体的校园制度建设和管理,能使学生更好地进行自我教育和管理,增强他们的主人翁精神和责任感,有助于创造一种学校和学生相互协作和理解的和谐氛围,进而使学校规章制度和决策能被认同并得以有效实施。

(三)完善教学管理和校企合作机制,壮大师资队伍。

高效的人事制度是增强师资力量的关键。科学合理的激励考核制度可激发教师的工作热情,提高工作效率和教学质量。同时,地方应用型高校要加强

与单位企业的合作,充分利用地方教育资源和校内资源,并依托相关企业单位,为教师建立校外培训基地,定期组织教师培训,提升教师实践应用能力,建设一支适合地方应用型院校的师资队伍。

地方应用型高校要突破体制,与企业合作共赢,积极邀请企业高级技术人员来高校授课,同时也鼓励教师去企业任职学习。另外,还可鼓励教师考取专业证书,提升自己的专业能力和实际操作能力。

(四)完善考试制度和评价体系,确保学生应用能力的培养

现在高校教育正大力提倡素质教育,地方应用型高校要顺应这一趋势,根据自身的实际状况,完善学生评价制度。

1.改进考试制度

首先,突破书本知识的传统局限,突出应用性。学校可组建专业出题小组,根据学科专业能力的要求,综合记忆性和应用性知识,创新考试内容,考查学生分析解决问题能力,注重应用能力的培养。其次,突破单一考试方式,多种考核方式并存。教师根据专业能力要求和教学目标,灵活采用考试方式,比如情景对话、现场模拟、实验报告等。最后,突破分数决定能力的局限,灵活运用成绩评定办法。教师可根据学生特点,采用不同的方式衡量学生的能力,有利于学生个性发展,展现学生无限的发展潜能。例如,记忆力好的学生可采用笔试方式,实践能力强的可采用现场模拟方法,选择最适合学生的评价方法,不仅使其获得满意的分数,还可以增强其自信心,实现个性发展。

2.完善评价体系

要根据专业和实际需要制定不同的评价标准,体现"术业有专攻"。例如教育类的学生,要有较强的实践教学能力、扎实的心理学和教育学知识。

在对教育类专业进行评奖评优时,就应优先考虑在专业相关的教学竞赛中获奖的学生。而对于好学生的评判,不能局限于一个标准,而是在达到基本要求的基础上,每个专业再根据其专业能力要求制定相应的标准,只有这样才能体现学生在专业知识和技能上的优异程度,是名副其实的优秀学生。这样才能引导学生制定准确的学习目标,具备应有的专业素质和专业能力,成为真正的应用型人才,从而学有所成。

第四节　基于学生主体性发挥的高职院校校园文化建设

一、学生在高校校园文化建设过程中发挥主体作用的必要性

(一)符合校园文化建设的目的

校园文化建设的目的是帮助学生确立正确的文化价值观,丰富学生的人生经验,实现对学生文化情操上的陶冶。因此,校园文化建设应通过各种不同的方式积极发挥学生的主体作用,以此实现对学生进行文化熏陶的目的。

(二)尊重学生成长的自然规律

社会存在决定了社会性的形成,社会性的形成反映了社会的需求。也就是说,社会需求层次的不同对大学生主体性的发挥将产生不同的影响。就当代大学生来说,其需求呈现多元化发展的特点。不同的需求直接影响到大学生价值观念的形成,进而出现多种不同的文化形式,逐渐呈现多元化发展的趋势。同时,成长环境因素对于大学生价值观念的选择也具有重要的影响。

随着社会经济的不断发展,社会价值观也在发生着相应的变化,社会主义市场经济的确立,使得传统观念中单一性的文化理念发生了改变,逐步向多元化的文化观念转变。经济层面上的不同使得人们对文化的认识也具有不同的表现,社会地位的不同、知识水平的不同以及意识形态上的差异性,都是使文化价值观产生多样化的原因。

思想政治教育要根据国际国内政治经济形势的变化,根据教育对象特点的变化,及时对其内容体系进行充实和调整,既要继承传统教育内容的精华,又要体现新形势对社会成员素质的新要求。对于当代大学生来说,其思想逐渐成熟,他们开始拥有了自己独立的思想观念,逐渐开始用自己的想法去理解世界,对于社会中的某些事物开始利用自己的理论知识去分析、去思考。

大学生多元化思想的形成需要多元化文化理念来支持,这样才能尊重学生成长的规律,满足他们成长和发展的客观需求。

(三)满足社会发展实际需求

伴随着社会经济的进步,高校发展的要求也不断提升,尤其需要加强校园文化建设,以此来适应发展的社会。而思想政治教育内容要具备理论鲜活力和事实说服力,就要敏锐、及时地反映现实社会生活。

一方面,社会的不断进步,需要相应的理论引导和人才实践,而高校作为理论思想的重要传播场所,促进了社会先进文化和科学技术的进步。

另一方面,从现实社会发展来看,国家的进步和民族的兴盛,基本上能够从高校的办学水平上体现出来。一个国家拥有高水平的高校,在科研力量以及理论思想方面就拥有较高的起点,该国家的经济发展速度就较快。

在分析高校校园文化相关知识时可知道,物质文化、精神文化、制度文化、行为文化等都包含在高校校园文化中。其中,精神文化和行为文化则对促进学生人生价值观的社会化具有重要的作用。它们能够促进校园中学生主体的价值观和社会价值观体系的调整,可全面规范学生的个人道德品质,使其与社会要求相符,与学生的社会发展需求适应性。

同时,在校园发展过程中,学生作为主体存在,也是文化建设过程中的主要实施对象与中坚力量,其个体角色最终需要进行社会化的发展,而多样化的校园文化活动则可以对学生进行理论、知识以及能力等方面的锻炼,为其进入社会做好充分准备,使得学生可以更快符合社会发展需求,与社会发展相适应,从而更好地实现学生的价值。

二、高校校园文化建设中学生主体性发挥的原则和路径

(一)高校校园文化建设中学生主体性正确发挥的原则

1. 学生主体性发挥要适度

高校力求能够建设全新的文化载体,将学生主体性在传统高校文化建设过程中充分发挥出来,将传统的具有历史文化内涵的单一校园文化建设转变为多元化的全新文化教育体系。但是在新高校校园文化的建设中,多元化的教育文化,使得高校在文化建设过程中出现顾此失彼的现象。他们将重心放在高校基础建设上,就会因无法顾及校园人文环境的内涵而导致在具体的工作中出现各种历史内涵不足、缺乏人文底蕴的情况,也会导致在校园文化建设过程中学生并没有将其作用与价值充分发挥出来。

实际的教育过程表明,不同层次、不同类型、不同期待的人对同一教育内容和方式的反应都是不一样的。

所以思想政治教育要能够进入受教育者的接受领域,被学生所接受,就必须与受教育者的接受特性相适应,具有可接受性。以此为基准,高校校园文化建设应当将高校人文内涵的具体形式以及学生主体能力的发挥程度充分考虑

在内。在已经明确目标的基础上,往预定方向进行不断完善与调整,并非为了构建新的高校校园文化而盲目地对现有的思想政治教育载体进行建设和发展。

2.学生主体性强调不足的危害性

坚持高校校园文化建设中发挥学生主体性,要坚持足量、反对强调不足的原则,这也是对高校校园文化进行创新的先决条件和必然原则。在高校校园文化建设的过程中,如果对学生主体性的发挥强调不足,就意味着高校校园文化建设的创新失去了其自身该有的意义,并非以学生为中心。如果创新形式无法满足有的放矢的要求,就无法实现高校文化建设目标,可能还会给高校文化建设过程带来一定的负面影响。

3.过于强调的危害性

每一所高校校园文化建设都有自己独特的特点和优势,对学生主体性进行正确发挥,能够很好地开展高校校园文化建设工作。

文化建设和学生主体性应当是"联合起效"的,是在一定程度的基础上,才能发挥作用的,要坚持适度的原则。每一所高校校园文化建设都应当充分地顾及其他教育内容和教育形式,以补充为初衷,完善为手段,以更好地发挥学生主体性为目标,进行每一所高校校园文化建设。

如果过于强调校园文化建设,学生主体性被无限制地强制发挥,将会导致学生潜在性的反抗,使其产生厌烦的情绪。由于,高校教育资源具有一定局限性,如果校园文化建设不根据适度性原则进行,那么高校自身可能因为文化教育更新速度快导致资源配置不协调。如果遇到这样的情形,高校自身的教育效果会大大减弱,对于校园文化建设的创新工作而言,将是十分不利的。

(二)高校校园文化建设中学生主体性正确发挥的路径

1.树立新型教育理念

学生主体地位的确立,需要打破传统思想的束缚。要积极改变传统的教育方法,将灌输式的教育方法进行有效的转变。在实际的思想教育中,要配以具体的案例进行实际的说明,结合实际的案例融入思想教育的道理,引导大学生形成自己对教学内容的理解,从传统文化教育中注重基本内容的传授方式逐渐转向注重引导教育的教学方式中来,逐渐消除学生的逆反心理。

在实际案例的逐步引导下,实现对教育内容的有效传授,形成老师与学生之间互动交流的良好局面。因此,对于大学生思想教育人员来讲,要充分认识到在学生主体性发挥中应当尊重学生的主体地位,在教育中加强对学生思想的积极引导,使其自己形成对校园文化的正确认识。教师应当利用实际的案例,用事实和真理说话,使得思想教育的内容更加真实有效,将理论的灌输和民主的引导进行有机地结合,从而使大学生形成主动思考的学习习惯,在对实践生活案例进行理解的基础上,可以进一步树立正确的人生观、价值观,并能够进行自觉的践行。

现代社会的发展,使得大学生思想观念更加的实际和现实,在现实的实践中,只有利用现实社会所发生的实际案例,才能更好地去引导大学生对校园文化形成正确的认识,认识到自己在校园文化建设中的主体地位。传统的道德教育往往是脱离大学生实际生活进行的空洞的说教,在教学内容以及教学方法上都缺乏实际的可行性。因此,针对当代大学生思想多元化的表现,对其价值观的教育应当贴近大学生的实际生活,利用现实生活中的实际案例进行全面的教育,从实际发生的案件中寻找教育的突破口,形成独具一格的教学方式。在实际的教学中,可以将课堂教育与现实中的实践进行结合,引导学生通过自身的实践去参与社会,融入社会,从而在实际的生活中学习到生活的实践经验,使得大学生能够根据社会的现象分析各种道德和法律问题,引导大学生运用自己所学的理论知识去有效解决生活和学习过程中的问题,培养其分析问题、解决问题的能力。

运用生动的教学案例,在教学信息资源进行扩充的基础上,将教学的内容由难变易,对教学的方法进行创新,从而增强教学的效果,最终将大学生价值观的树立与社会主义实际发展的现状相结合,使他们能够按照社会的需求做出正确的人生判断。

同时,还应当创建民主文化环境,尊重每一个学生主体,为其提供良好的学习机会,使所有学生都能够主动感受到浓厚的校园文化氛围。自然环境属于客观存在的物质,学生们能够进行实际的感官反映,并且能够做出形象化的描述,这对于学生来讲,是具有潜在影响力量的。而高校的校园环境作为一种自然环境,不仅包括学校内部的基础设施建设等,同样也包括内部和外部共同组成的人文环境,是一种内在的体现。思想政治教育人文关怀的最终使命是建构精神家园,也就是帮助人们建构正确的人生理想,坚定信念,从而使人们具有完美的人格和精神归宿。

作为高校,其历史文化底蕴越深,学校的民主文化氛围就会越浓厚。如果一个学生缺乏乐观向上的生活态度、积极向上的思想行为,当他面对困难时,自然不能以一种健康的状态来面对。因此,高校校园作为一种创造文化的场所,在注重自然环境建设的同时,更要注重塑造良好的人文环境。

所以,在校园文化建设过程中,优美的自然环境建设极为重要,其民主氛围的构建也极需要注意,从而更加有效发挥学生的主体性。在具体环节的实施中,可在学校文化长廊中展览学生创作的美术、绘画、摄影等优秀作品;在校园的黑板报上展示学生参加社会实践活动的照片等,使得学生能够感受到校园浓厚的人文气息,从而发挥自身的主动性和创造性,去参与校园文化建设,将学校的办学理念和人文精神发扬光大。因此,为进一步发挥学生的主体性,高校校园文化的建设,应当加强对民主文化氛围进行重视。在基础设施建设中,注重人文气息的培养。

同时,还应当尊重学生主体地位。只有充满人性化的思想政治教育才能真正地被大学生所接受所认可。因此,高校的思想政治教育应该处处体现人文化、注重人文关怀。在教育的过程中,处处以"人"的方式,真正站在学生的立场上去对待、理解、关怀他们。

另外,高校校园文化建设作为一种综合性的系统管理,要想实现文化建设的有效性,需要各个部门之间的协调合作,只有在各个部门的配合下,在尊重学生主体地位的基础上,才能进一步取得理想的效果。学校应当对此引起重视,对学生主体地位的作用进行全面认识。因为校园文化建设涉及的内容较为广泛,单纯依靠某一个部门以及某一个领导,是无法达到理想效果的,所以需要在各个团队有效合作的基础上,在引起重视的前提下,实现效果的最大化。建立当代大学生行为宣言是一个较好的选择。比如说,一定要热爱祖国、热爱校园,不做任何损害班级利益的事情。个人学习习惯、个人作风上应当做到不作弊、不说谎、不抄袭、知错就改;诚实讲理、不贪便宜、讲究信誉;树立终身学习理念,积极参与实践活动,不断提升个人素养,做一个无私奉献,对社会有益的人才;尊重长辈、孝敬父母,独立自主;等等。只有这样才可能构建良好的高校人文环境氛围。

2. 优化多种参与渠道,发挥学生动手能力

第一,校园文化制度创设以学生为目标,制度文化是人们对制度的制定与

执行的内在规律性的认知。在高校的管理中,各种规章制度的制定实施,涉及学校的各个领域。这些对学生的学习和生活进行的约定和规定,在规范学生行为、提高学校管理效率等方面都有着不同程度的作用。改革开放以来,大学生在高校校园生活中的独立性和个体性不断增强。在现今多样化的经济、社会、文化环境中,大学生有能力根据自己的价值观念和价值尺度主动参与学校建设,充分发挥自己的创造力,创造富于时代内涵、体现时代精神的高校校园文化。因此,高校校园文化的制度,更是需要从学生的实际需求出发,以学生为目标,创建符合学生要求、能够发挥学生主体性的文化制度。

第二,应当积极创建学生参与的学生会制度。学生会作为学生参与的学校组织,在每一所高校管理中都起到举足轻重的作用,成为实现学校有效管理的一种机制。就现有管理机制来讲,作为具有学校行政管理性质的学生会组织,要想发挥在校园文化建设中的作用,学校就应当放开权力,使学生会在实现学生自主管理的基础上,拥有必要的自主决定权。充分发挥学生的主体性,让学生自己去管理,学校只在宏观方面进行积极的引导,以此来提高学生参与的积极性,实现学生组织管理的活跃性。例如,在某知名大学的学生会组织管理中,创新性地创办"校长接待日",由学生会领导来主持,在接待日期间,学生可以针对学校的管理提出自己的意见,对于学校的管理可以提出自己的见解,校长在积极听取意见的基础上,与学生会进行协商,然后给出合理的处理意见。这在一定程度上提高了学生参与学校管理的积极性,发挥其主动性,通过学生会的有效连接,不仅凝聚了普通学生对校园建设的参与性,而且还有效实现与学校管理层之间的交流,做到真正维护学生权益,构建和谐的校园文化氛围。

第三,对于各种规章制度,应当在学生参与的基础上进行制定。学生作为校园文化的创造者和应用者,学校各种管理制度也主要对学生进行规范和约束,因此应当体现学生的需求,在学校结合自身实际的基础上,制定各种规章制度。让学生进行参与,进而提高其参与的主动性,能够感知到自身所肩负的责任,激发学生对学校文化建设的责任感和使命感。同时,在高校管理中,还应当建立畅通的反馈途径,积极听取学生的意见和建议,促使学校管理能够在学生的参与下,进行管理方式的改进,对各种规章制度进行完善。此外,在对违反规章制度的学生进行处理过程中,要给予学生进行申辩的机会,全面听取学生的意见,体现学校管理的公平、公正、权威和规范性。总之,校园管理中的一切要学生为主体,提高学生参与性的同时,更要促进学校民主管理的实现,这对于构建积极和谐的校园文化具有重要意义。同时,参与渠道要以学生主体性为主,在对各种规章制度进行参与制定的基础上,在参与渠道的拓展中,也应当以学生的主体性为主。要积极开拓学生会的参与渠道。作为高校管理中的组织,学生会是由学生组成的,但是存在着学校管理的性质,是实现学校和学生之间沟通的有效渠道。学生会应当发挥其民主管理的作用,在以学生主体性为主的基础上,举办各种丰富多彩的文化活动,提高学生主动参与性使其成为学生自我服务、自我管理、自我教育、自我监督的主体组织。要将学校管理制度与现代科技进行全面结合。现代社会的进步,科学技术的发达,为学生创建了多种不同的参与方式,例如互联网技术的进步,使得学生和学校之间沟通的渠道更加多样化。

与此同时,文化建设还要适应新时代环境变化,随着社会、经济发展的不断推进,现代高校的办学理念、校园风貌也在进行着相应的变化。在此前提下,高校文化建设也要适应新时代的环境变化,进行积极的改变。

一种管理制度,并不是千篇一律、不可改变的,而是根据学生的实际情况,根据学校的发展方向,进行合理地制订和实施。要做到因事而化、因时而进、因势而新,适应经济社会的发展变革以及大学生个性化成长的特点特质。

要让当代大学生更多地关注社会,担当起社会的责任,同时也是为了帮助更多需要帮助的人,更为了创建和谐社会,使得当代大学生具备更多的社会责任感。在具体的实施方案中,可以将每年的某一周定为"爱国爱校公益活动周",并举办以各种公益项目为主题的活动,作为学校,要给予积极的支持,为学生提供各种各样的实践活动项目,对学生形成系统的实践教育,有效发挥对学生进行思想政治教育的隐性教育功能。

3.组织校园各个群体,实现校园内外联动

主要从强化学校领导的引导作用、发挥广大学生的能动作用及加强校园内外的联合作用三方面进行理解。

(1)强化学校领导的引导作用

首先,学校领导作为学校发展方向的引导者,应当对校园文化建设进行全面的重视,进而发挥学生的主体作用,构建完善的校园文化。就目前来讲,我国高校实行的是党委领导下校长负责的管理制度,需要在党委和校长的引导下,

强化学校文化的运行。校园文化作为一种在长期发展中形成的精神理念,是在各界学生和老师的积极努力下沉淀下来的一种历史文明,并非短期内的行为表现。因此,校园文化建设的实施,应当在长期的规划和发展下,对校园进行综合规划.制定长远的发展目标。要把思想政治工作摆在重要位置,做到落细、落实,形成制度机制。这就需要党委和校长的长期规划,强化学校领导的积极引导。

其次,领导要积极和学生进行交流和沟通。学校领导对于校园文化建设的方向进行引导,但是在实际具体的管理中,学生作为校园文化建设的主体,应当积极发挥学生的主体作用,领导在与学生进行沟通的基础上,将权力进行下放,依靠基层的力量,营造符合校园实际的文化氛围。因此,在校园文化的建设中,学校领导应当在树立榜样的基础上,及时和学生进行沟通,了解学生的需求和文化发展方向。可以通过校园论坛、校园 QQ 群、微信公共平台留言及电子邮箱等方式,进行全面了解,从而形成校领导引导,全校师生共同参与的校园文化建设。

再次,作为高校校园文化建设的领导人员,应当建立一支由学生处、团委和二级学院分管学生工作的人员组成的校园文化督导小组,加强对当代大学生文明行为、文化建设等方面的监督力度。

树立正确的价值观,以文明礼仪和行为规范教育为出发点,将行为规范文化教育作为活动的主题,突出重点,促使当代大学生能够养成文明礼让、遵纪守法的良好行为习惯。在具体实施过程中,要对督导人员进行业务培训,做到态度诚恳,用语规范,劝导委婉,文明督导。同时,强化实地督导的功能,校级督导队员可以负责校园道路、食堂等活动场所的文明监管;各二级学院的督导工作人员可以深入到宿舍、课堂等公共场所进行定点、定期的巡查。具体检查内容可以包括校园公共物品的损坏,就餐不排队,乱扔乱倒垃圾等不良文明行为;对大学生课堂教学纪律进行全面监管,对迟到、早退以及旷课等行为进行监管,对宿舍卫生、宿舍文化等情况进行规范。对不文明现象进行及时记录,对部分大学生不文明行为进行积极的劝说和耐心教育,构建浓厚的文化氛围,保障校园文化的正确发展方向,最大限度上发挥学生的主体性,全面提高校园文化建设的效率。

（2）发挥广大师生的能动作用

首先，教师作为知识的传授者，同时也是校园文化的传承者。在多元表达、多样主体的环境中，教师的教育实践活动必须寻找有效方式，增强说服力和引导力，在主体互动中引导学生主动参与校园文化建设。

教师作为直接面对学生的群体，对青年学生人生观、价值观念的形成，将会产生最为直接、最为深刻的影响，学生的健康成长少不了教师的引导。作为教师，应当积极发挥教育的传道作用，利用自身的影响力，将校园文化的精神和理念进行传递，实现科学教育和人文教育的有效结合。

在教学过程中，可以将课堂知识教育与现实校园文化建设融合，引导学生积极参与到校园文化建设当中，融入文化建设当中，引导大学生运用自己所学的理论知识去有效解决生活和学习过程中的问题，培养其分析问题、解决问题的能力，从而实现自身学习的目标。

各科教师应当运用生动的专业教学案例，增强教学效果，利用自身的品德行为去影响学生的文明观念，从而形成积极向上的精神面貌，引导学生按照社会的需求做出正确的人生判断，构建文明健康的校园文化氛围。

还应该积极开展高校校园文化教育的专题讲座，将实际发生的案例作为讲座的内容进行全面的讲解，并适当播放有关励志精神、校园文化建设的影片，鼓励大学生开展积极的演讲活动、辩论和征文活动，对实际的案例进行全面的贯彻和融入，对校园文化的积极作用进行详细的总结，发挥广大学生的积极能动性。同时还应当将这种活动长期坚持下去，并当作学校的制度进行全面的贯彻。通过这种教育活动方式，大学生能够养成良好的学习、生活态度，有利于进一步构建文明向上的校园文化，引导大学生健康成长。

（3）加强校园内外的联合作用

近年来，办学制度的实施，使得高校校园与社会之间的文化交流活动日益频繁，在加强文化交流的同时，高校校园同时也接受着来自外部环境的机遇和挑战。因此，在高校校园文化的建设中，要想发挥学生的主体作用，就应当承担起高校的社会责任，采取积极有效的措施来应对校园文化的变化，在思想和文化的冲击中，把握高校文化的发展方向。

强化校园内外的联合作用，在尊重校园文化发展方向的基础上，积极接受来自外部的挑战。

　　首先,健全学校内部的社会工作体系。联合社会组织举办各种形式的校园文化活动,例如组织各种类型的校园志愿者服务、校园下乡团队,甚至是创办校企合作专业,加强学校和社会之间的联系和合作,在双方进行有效交流的基础上,实现与社会组织之间的良性互动,拓宽校园互动的发展空间,最大限度上发挥学生的主体作用。

　　其次,高校校园文化建设要走出校园。社会主义市场经济的发展,学校的文化建设工作需要进一步的创新,只有适应社会需求的校园文化才能真正得到学生的认可。因此,对于高校校园文化建设,必须采取开放性的建设形式,敢于走出校园,与现代社会相适应。利用丰富多彩的校园文化活动,增强与社会组织和团体进行接触的机会。这将帮助校园文化活动得到广大师生以及社会人士的认可,使其拥有广泛的群众基础,实现校内外联动的合作机制。

　　最后,高校大学生群体,是社会发展中较为特殊的一种群体,也是我国民众当中素质最高的一部分人群,他们对中国特色社会主义的建设做出积极的贡献,并承载着中国的希望和未来。对校园文化建设中学生主体性进行研究,不仅对大学生群体的健康发展具有重要的意义,而且也关系到整个国家的前途与未来。

第五章
新媒体环境下高职院校文化建设的主要内容

第一节 高职院校特色的物质文化建设

一、高职院校物质文化建设中的问题

高等职业院校物质文化包括了校园全体师生生活学习的物质对象,涵盖了教学、科研、生活的资料及校园环境。物质文化既能体现价值目标,又能体现教育的内涵,还有利于陶冶情操等。在高职院校校园文化的建设当中,物质文化的建设起到了基石的作用,奠定了精神文化、制度文化和行为文化的建设基础,为其提供了建设的前提和保障。因此,对于高等职业院校来说,构建完备的物质文化是其校园文化建设中的首要任务,也是关键任务。

据了解,目前该校有两个校区,新校区的基础物质建设仍在发展阶段。但从学校校园外环境和基础教学设施来看,学校还是特别重视物质文化方面的投资。例如:标志性建筑、雕塑、药园、实训中心的建设,都能体现学校的整体规划上的科学合理性,以及对教学环境的重视。结合前文对学校的问卷调查和访谈调查的结果来看,该院校的物质文化建设的可学习之处及仍需加强之处,具体体现在以下几个方面:

(一)学生对校园文化建设内涵、学校发展史的认识有待提升

由于高等职业院校对物质文化建设的重视度不够,投入的资本不足以推动物质文化的完善,因而教师也并没有真正地关注校园文化建设内涵、学校发展史的讲解。在这样的情况下,学生并不能深入的了解校园文化建设的内涵及学校的发展历史,仅仅依靠自己在校的耳濡目染,通常只处于"一知半解"的状态。

从物质文化建设的目标来说,其显然不利于学校构建完备的物质文化。但是,我们来看动态变化,2016年是该学校建校30周年,自学校校史馆建成后,开展了"忆峥嵘岁月铸青春辉煌"主题宣讲活动,通过参观校史馆、学习校史校情资料、召开主题班会的形式让学生对学校的建校背景、发展历史、办学成就等方面有了更多了解与认识,领略到校园的内涵风采、文化底蕴,进一步加强学生对学校30年的光辉发展史和艰辛发展历程的认知,增强了学生对该校的归属感、认同感和荣誉感,为更好地理解"勤奋创新严谨和谐"的校训做了铺垫。若是把这类活动持续融入新生入学教育内容中,校园文化建设的认知度也会得到进一步提高,这也是精神文化在物质文化建设中的升华。

(二)学校标志性建筑体现了专业性

根据数据来看,截至2021年9月30日,我国共有高等院校3 012所,其中高等职业院校有1 486所,占比为49.3%。可见,高等职业院校在我国高等院校中占有很大的比重。有些学校出巨资扩大校园规模,引进先进设备、加强绿化等,以展现学校的精神面貌。但是当前,我国真正具有标志性建筑的高等专科院校屈指可数,因此缺乏标志性建筑也是我国高等职业院校物质文化建设中的一大缺陷。正因如此,高等职业院校的繁多迫切地要求学校分流出符合自身发展特点的独特风格,而标志性建筑就是这种独特风格的重要体现。该学校在新老校区的建设中十分重视这一方面,例如校园的标志性建筑有中医特色的校门、华佗雕像、李时珍雕像、太极广场、药苑等,这些建筑既能体现校园环境美,体现校园文化的艺术性,给师生以美的享受,更重要的是与专业方向相结合,体现出学校的专业文化底蕴和内涵,对师生起到专业的激励作用。

(三)学校教学设施和相关基础设施的建设力度要进一步加大

从高等职业院校综合竞争力及长远发展的视角来看,教学设施和相关基础设施直接关系到学校的教学效果和学生的学习环境,因而教学设施和基础设施的建设应当是学校物质文化建设的关键内容。然而,事实上伴随着互联网信息时代的来临,教学设施及先关基础设施不断地更新换代,受资金及渠道的制约,国内大多数高等职业院校依旧无法紧跟时代发展的角度,及时地更新现有的教学设施及其他基础设施,甚至有很大一部分高等职业院校在五年之内都没有更新这些设施。由此可见,教学设施和相关基础设施的不健全,是学校物质文化建设中面临的重要问题,应当引起其高度的关注。近几年来,该学校着力发展新校区建设,但是在发展中面临建设资金缺口大的问题,这也是相关物质文化建设不足的主要原因。再加上学校的基础设施,教学设施需要系统科学规划,要充分考虑资金同时,还要考虑到教学方向和专业性的需求,这是一个逐步完善发展的过程。

二、高职院校物质文化建设的优化建议

恰如文中多次强调的那样,高等职业院校的校园文化建设建立在充足的物质及精神投入基础之上。人力、物力是校园文化建设的必要条件,也是最基本的条件。基于此,高等职业院校要投入足量的人力物力,从多个方面对校园文化建设予以大力的支持,为其提供相关的硬件设施,从物质方面,保证校园文化建设能够顺利地展开。当然,高等职业院校的物质基础本身非常有限,其必须积极地拓展资金来源渠道,加强校企合作,为校园文化建设积累充足的物质基础。

高职校园物质文化,是为了实现职业教育目的而建造和设置的各种物质设施和环境的总称。它是高职校园文化建设的前提和条件,是精神文化、制度文化、行为文化赖以生存发展的基础和载体。物质文化是校园文化的表层结构,制度文化是校园文化的中层结构,而精神文化则是校园文化的深层结构。校园物质文化是高校在发展过程中不断创造和积累的、外在的、以物化形式存在的一种文化,是校园文化的前提和条件,是校园文化水平的外在标志。

物质文化是高职院校校园文化的表现形态之一,是高职校园文化的重要内容,它通过与精神文化、制度文化之间的内聚与整合形成一个有机的统一体,并对学校的建设发展、人才培养、知识创新、社会服务等产生较为重要的影响。高职院校物质文化的内涵十分广泛,主要包括校园环境、校园建筑、教学设施、仪器设备、图书馆、校园网以及特色化的专业等有形事物。高职院校的物质文化是学校历代师生长期建设的物质成果,既是学校文化的空间物质形式和外在表现,又是学校精神文化存在的物质载体,是高职院校综合实力的一个重要标志。高职院校的物质文化潜移默化学生的思想观念,陶冶学生的情操,促进良好的行为习惯养成。高职院校文化的物质载体作为固定的文本,其器物形态和文化精神形态有着内在的联系。良好富有个性的校园环境,不仅起到美化和装饰校容的作用,还为师生开展丰富多彩和寓教于乐的教学活动提供着重要阵地,使师生员工教有其所,学有其所,乐有其所,在求知、求美和求乐的过程中受到潜

移默化的启迪和教育。

高职院的物质文化产生于校园的特定环境,它是知识的传承者们和知识的创造者们在长期的实践过程中所创造的具有校园特色的独特文化,既具有丰富的内涵,又具有一些明显的特征。首先,高职校园物质文化具有地域性。由于地理位置不同、地形地貌不同、自然环境不同,每个学校的校园设计布局和景观风貌都各有特色。同时,不同地域的物质文化也会打上当地的文化烙印,集中体现本地域的民情风貌、生存状态,展示出当地人的思维方式和行为习惯。其次,高职校园物质文化具有展示性与标识性。对校园文化而言,以思维观念、价值取向等为主要内容的精神文化是无形的,它们都必须寓于或投射到物质形态之中,只有这样才能被人感觉到、体会到,才能促使人们去适应并内化为精神。再次高职校园物质文化具有传承性。任何一所校园都要经过多次的规划和建设,最终形成以教学楼、图书馆为主体的建筑,以树木、花草、山水、雕塑为主体的校园环境,这些校园景物记载着学校的发展历程,体现着学校的文化和精神,在崇尚知识的学子中间历代相传,不断积淀、延续、发展。最后高职校园物质文化具有发展性与时代性。高职校园是各种思想文化交织碰撞的地方,这就决定了高职物质文化不能一成不变,而必须在尊重历史、继承历史遗留财富的同时,有选择地吸纳或创造与自己的价值观念相匹配的社会文化精华和载体,做到在继承中扬弃,在发展中创新。

高职物质文化建设应遵循以下几方面原则:首先,深刻认识高职院校物质文化建设的重要性。建设高品位的文化设施和优美的校园环境,可以让学生在庄重、典雅、艺术化的氛围和清新、整洁、文明的环境中,实现精神与环境的完美融合,从心灵深处内化文明修养,自觉规范自己的言行,启迪创造性的思维活动,激发强烈的求知欲望,促进学生综合素质的全面发展。这种环境于人的作用比教科书更为深刻,比教师的教授更为有效。因此,高职院校的建设者们需要深刻认识学校物质文化建设的重要性,努力建设高品位的物质文化设施,为培养高素质的创新型人才创造良好的文化环境。其次,注重统筹规划,建设内涵丰富的文化设施。校园规划是统筹考虑学校长远发展空间、优化设施布局、协调建筑风格、提升设施品位、建设优美校园的关键所在。通过校园规划,既可以使校园的设施、园林景观、道路等达到使用功能、审美功能和教育功能的和谐统一;也可以通过组织师生员工广泛参与校园设施、道路、景点的规划、建设、命名以及管理工作,增强师生员工对校园文化环境的认同感;更为重要的是通过探究学校的发展历史文脉和文化设施规划,可以赋予校园丰富的文化内涵,让校园的一草一木都隐含和记载着学校精神,为师生提供宝贵的物质需求和精神养料。最后,应注意处理好几个方面的问题:高职院校在物质文化建设过程中应注意处处体现以人为本的理念,较好地满足师生工作、学习和生活的需求;体现办学特色、办学理念和文化底蕴,使学校的环境与办学特色统一;突出育人宗旨和教育功能,使校园的每一个区域都具有教育功能并渗透着教育因素。

(一)不断完善各项基础服务设施

1. 校园环境建设

校园环境文化是校园文化的物质形态,有其独特的育人功能。加强校园环境建设已成为我国高等学校提升学校品牌、优化育人环境、提高办学质量、增强市场竞争力的战略举措,受到各高校的普遍重视。我国高职院校"以服务为宗旨,以就业为导向,走产学研结合的发展道路",近年来得到了快速发展。目前,高职院校结合自身的人文特征、办学理念、文化品位、价值取向等文化因素,从实际出发,结合专业特点,开展校园文化建设。将学校的办学理念物质化,让学校的建筑、雕塑、景观、实训基地、校园标识等物质形态,紧密围绕学校的办学定位来设计建设或改造,让每一个走进校园的人,都能从置身的环境中感受到学校独特的魅力。在图书馆可布置业内各类杰出人物图片,在校史陈列室可介绍优秀教师、优秀校友、优秀企业家的事迹。校园环境文化建设是一个长期的、动态的过程,既包括各个环境文化项目的规划、设计与建设工程,也包括校园环境文化的宣传教育与日常维护。在校园环境文化建设的每一个阶段,如学校的定位、校园精神的确立、校园环境规划设计、建设项目实施、校园环境文化宣传教育以及校园环境的日常维护等,学校的师生员工都要广泛参与。高职院校积极创造条件,调动学生参与校园环境建设的积极性,充分发挥校园环境文化的育人功能,是高职院校校园环境文化建设过程中需要高度重视的问题。努力做到:在学校定位、校园精神确定方面,要广泛开展讨论,集思广益,听取学生意见,形成校园精神文化的共识,建立校园环境文化的概念体系和品牌标识;在校园环境规划设计阶段,对于每一个规划设计方案,在充分尊重专家和专业技术人员创造性劳动的基础上,广泛征求学生意见,充分发扬民主,开展建设方案的民主评议和论证;在校园环境建设项目实施阶段,在工程招标采购、工程施工、项目验收等环节,让学生广泛参与,开展民主监督。

2.图书馆建设

图书馆建设要服务于高职专业建设和校园文化建设。高职院校图书馆的建设对校园文化的开展,对良好学风的形成,对高职院校大学生的成才都具有重要意义。作为文化知识传媒的图书馆,其人文环境对读者的影响本质上是一种"无声之教"。它是依靠环境育人的精神作用机制,如环境暗示、环境陶冶、行为模仿、情绪感染等,来提高广大读者的素质。图书馆在读者与文献之间充当中介作用,并通过自身丰富多彩的文化活动,使广大读者受到人文知识的感染、熏陶,进而升华为一定的人文精神,从而达到陶冶情操、完善心灵,提高自身人文修养的目的。图书馆的建筑格局、藏书体系、环境装饰、服务态度等,处处体现着大学的人文精神,体现着大学的校园文化。图书馆通过其教育和服务职能在一代代学生中传承着大学的文化和精神。图书馆成为大学校园文化传播的核心,是校园文化建设的重要载体。大学离不开图书馆,校园文化建设离不开图书馆的文化传播。图书馆是校园文化活动的重要场所。通过开展多种类型的读书活动,例如读书报告会、专家讲座等活跃读书气氛,调动学生读书兴趣,从而形成良好的学习风尚。高职院校图书馆必须注重加大馆藏资源的建设力度,在资源配置中充分了解和收集学校专业建设和课程设置的相关信息,掌握校园文化建设所需文献信息,建立科学、合理、具有高职特色的文献保障体系,为校园文化建设创造舒适的环境。

3.实训基地建设

加强实习实训场地的建设,加大实践教学设备、设施的投入,让学生在真实或模拟的职业环境中学习技术、熟悉工作流程。可以和企业联合投资、联合培养、联合经营和生产,实现学校、企业和学生三方受益和共赢。校外的实习实训基地也是延伸了的校园,学生在那里接受的是更直接的企业文化的洗礼。

4.文献资料建设

任何一种文化的建设和发展都离不开一定的传播载体,没有有形的文化载体,就不可能把优良的文化进行有效地承载和传递。而文献资料恰好是文化得以延续、发展的最直接载体。在学校长期建设发展中所形成的校园文化正是通过报刊、书籍、影音资料等文献形式传递给历届师生。文献作为人类精神产品,本身就是文化的表现形式之一。从某种意义上说,文化的积累、沉淀和传播主要是借助于文字及其载体构成的文献传播活动来实现的。文献的传播延续了文化的生命力。

现代文献根据载体形式分为:①印刷型文献,以纸质材料为载体,以印刷为记录手段而形成的文献形式;②声像型文献,以磁性和感光材料为介质记录声音、图像信息的一种文献形式;③电子数字型文献,伴随计算机技术和网络技术而产生的,以计算机处理技术为核心记录信息的一种文献形式;④微缩型文献,以感光材料为载体,以照相为记录手段而形成的一种文献形式,包括微胶卷、微缩卡片等。

5.各项基础服务设施的建设

完善的教学设施及其他基础设施是确保学校教学活动得以顺利进行,推动校园文化建设实践的关键。为此,我国高等职业院校应当将完善各项基础服务设施作为校园文化建设中的首要任务。具体来看,其可以从以下几个方面加以调整:

首先,了解学校目前基础服务设施的分配。高等职业院校要立足实际,通过大量的调查与分析,把握学校基础服务设施的分配情况,并总结出目前尚处于匮缺状态的基础服务设施。例如:学校在完善基础服务设施时,可以根据实际情况,拟定调查表,发放到各个部门,收集具体的、实时的数据信息,掌握各部门基础服务设施的配置现状和基本需求,确定具体的基础服务设施完善方案。如此一来,学校既能够准确把握基础服务设施的需求,也有助于减少浪费,有效地节约资金成本。

其次,注入丰富的资金,引进先进的基础服务设施。随着科技的迅速发展,基础服务设施不断地更新换代,高等职业院校要想紧跟时代发展的脚步,就必须投入丰富的资金,为学校引入先进的基础服务设施打好基础。一般来说,高等职业院校作为以"练强技之才"为目标的高等院校,为了引入充足的资金,其可以大力发展"校企合作",通过与企业的合作,吸纳充足的建设资金,为基础服务设施的完善提供充足的资本支撑。

再次,加强创新。虽然日趋完善的基础服务设施为高等职业院校的物质文化建设提供了重要的保障,从根本上提高了校园物质文化建设的质量和效果,但由于各个学校自身发展的差异性,其对基础服务设施的需求也不尽相同。因此,高等职业院校还需要重视创新,充分根据学校发展的需求,立足长远发展目标,创造真正适合的基础服务设施,推动校园物质文化建设迈上一个新的台阶。

最后,跟进基础服务设施使用状态,关注维护。通常情况下,高等职业院校的基础服务设施包括:多媒体设施、实训教学设备、绿化、办公设备等。这些基础服务设施很容易被损坏,为了确保学校物质文化发展的保障,由此高等职业院校还需要及时地跟进基础服务设施的使用状态,及时地发现问题,并进行全面的维护。

6.利用优势资源充分展现学校特色

不同的高等职业院校有着不同的优势资源,就以该学校来说,其最为显著的资源优势就是拥有丰富的医药护理资源,在很长一段时间的发展历程中,该学校一直将医药护理专业作为特色专业,引进高素质行业人才,投入大量的人力物力,引入先进的医药护理教学器材和设备,也做出了很多科研成果,积累了非常丰富的资源。在这样的情况下,学校就可以将物质文化建设目标与医药护理方面的资源联系起来,与相关的医院、企业建立合作关系,从合作单位获得一些基础服务设施的投资,学校则为其提供专业的员工培训场所。例如开设定向培养的学生,专设对应的医院班级或企业班级,如此一来,学校的物质文化建设将进入一个新的阶段。高等职业院校的办学目标决定了学生与社会、企业之间的关系与普通高等院校存在显著的差异,高等职业院校培养的人才具有更强的针对性,学生毕业之后就清楚自己应该从事的职业。高等职业院校与社会和企业存在十分密切的联系。因此,高等职业院校应该重视紧跟社会发展的步伐,真正地融入社会,将学校文化与行业文化融合在一起。这样,高等职业院校将获得更大的发展契机,学生的就业率也会随之有所提高。

在我国高职教育的环境中,校企文化合作可以采用"请进来,走出去"的战略。"请进来"是指将企业的文化引入校园。高等职业院校在开展校园文化活动时,下意识地创造条件,吸引企业地关注。例如:举办企业文化成果战略,邀请行业中的成功人士开展行业文化专题讲座等,"走出去"是指走向企业,体验企业文化。高等职业院校可以进一步增加学生实习的机会,鼓励学生利用寒暑假或课余时间真切地感受企业文化,并将这种感受融入校园活动当中。事实上,在校企合作的过程中,还需要注意校企文化之间的相互融合,避免出现一味地模仿企业文化,而导致高等职业院校校园文化建设失去特色。

第二节　高职院校特色的精神文化建设

一、高职院校精神文化建设中的问题

精神文化建设指学校师生的意识形态与精神内涵,涵盖了思想理论体系、思维模式、认知方式、价值观及创造力等。在高等职业院校中,精神文化的建设也对校园文化建设产生了直接的影响。在大多数高职院校的精神文化建设中内容相对空洞,学习氛围和人文环境的塑造都趋于表面,尚未取得实质性的效果。具体体现在以下几个方面:

(一)学习氛围和人文环境不佳

从整体来说,很多高等职业院校学生入校前学习方面的自律性较差,高职院校的学习氛围和学生学习习惯的养成就成为一项精神文化建设的主要目标。例如:学校全面抓好系部和班级的文化建设工作,依托营造学校文化的大环境,与学生的思想政治教育结合,形成良好的校风、学风、教风。着重加强学生的学风建设,培养学生勤奋刻苦、自主学习的品质,贯穿在班级教育、活动教育、校园宣传教育中,以期形成良好的人文环境、育人环境。

(二)文化活动缺少创新

从宏观角度来看,缺乏创新力是我国高等职业学院精神文化建设中的普遍问题,很多高等职业学院一味地跟从其他学校的精神文化建设脚步,忽视了学校自身的精神文化建设需要。学校着力于创新,将校园文化与高校文化、与地域文化、与行业文化相结合,体现在文化活动方面的内容还是相对少。例如:传统文化知识竞赛、琴棋书画比赛、辩论赛、英语风采大赛、形象设计大赛、校园歌手大赛、摄影摄像大赛及课件制作、FLASH 制作等各类赛事活动很多,这些活动对学生来说提升了综合素质。但多数学生认为没有相应的兴趣,不积极参加,这使得活动的吸引力小,影响力也就小了。若是从专业角度着手举办活动,需要学工部门与专业教师共同支持,投入的力量较大,所以各个系部也就只有一年一届的代表性活动。

(三)对专业文化的认知度不高

高等职业教育的重要任务就是培养符合企业需要、具有较高就业能力的职业型人才。正因如此,高职院校必须高度重视专业文化的灌输,确保大多数学生都能够对专业文化有一个系统的了解,培育学生的专业素养,为学习找到目标,为求职就业打好基础。仅凭学生在理论学习过程中来了解专业文化还是远远不够的。

二、高职校园精神文化建设的优化

对于高等职业院校来说,校园文化的建设归根究底就是思想观念方面的问题,是否能够构建独具特色的校园文化在很大程度取决于校领导是否重视校园文化的建设。高等职业院校要通过大量的宣传教育,提高全校师生对校园文化重要性和必要性的认识,进而调动其参与校园文化建设的积极性,推动校园文化的进一步发展。在此过程中,学校的领导更应该发挥示范带头作用,将建设特色校园文化作为学校长远发展的战略目标,并加以执行。

高职校园精神文化是指学校在创建和发展过程中形成的、体现学校特色的、学生一致认同的思维模式、道德规范、行为习惯和价值观念的总和。精神文化是高职院校校园文化建设的核心。它是物质文化、制度文化和行为文化的指针和航标,是一种人文环境和文化氛围。高职院校在办学实践和意识活动中形成的价值观、道德观、社会心理和思维方式,集中体现在校园精神,包括指导和支配师生员工的思想观念、精神寄托、文化传统、集体舆论、学术风范、校风、校训、办学理念等。办学理念是高职校园文化建设中统揽全局的指导思想,怎样突出本校特色的理论认知和哲学基础,是校长治校理念和风格的结晶,它们与校训、校风、教风、学风一起形成一种风格和传统,被历届师生传承和发扬光大。学校精神是对办学理念的进一步升华,是师生员工经过长期努力积淀而成的相对稳定的理想、信念、道德、情操和追求的集中体现。学校在确定这些内容时要坚持以人为本,重在挖掘和塑造;要立足现实、突出特色;要勇于创新,鼓舞士气;要朴实无华,朗朗上口。

校园文化是一种亚文化,精神文化是校园文化的内核,是物质文化、制度文化和行为文化的综合体现。因此,在新的形势下,高职院校随着办学硬件投入、制度完善,校园精神文化建设也必须体现与时俱进的精神、创新治校的观念,纳入学校的整体发展战略并形成自己的特色。它的形成、传播和发展能够激发学生的职业和创新精神,引导高职学生增加求知的自觉性和解惑的主动性,促进学生职业能力和职业素养的形成。

(一)关注高职院校精神的传承

从历史的角度看,学校精神文化是传统精神文化与生成精神文化的统一体。高职院校传统精神文化是指长期办学的精神文化传承与积淀;高职院校生成精神文化是指学校自身在发展中所确立的办学追求,这种统一体构成了学校最本质的精神。因此,建设高职院校精神文化的关键,一是对学校传统精神的把握;二是对时代精神的定位和创新。对学校优秀传统、先进典范,要学习、继承和发扬,在传承的同时,要根据时代精神,赋予新的精神内涵。新形势下,高职院校应深入开展高职院校"创新定位于地方特色经济服务""通过校企合作创新职业人才培养模式""培养具有国际化素养和视野的新型技能型专业人才"等方面的探索。

(二)历久弥新的校风校训

校风是学校学术氛围和人文氛围的结合,是高职院校精神的外在表现。学校精神的培育是一个传授和习得的过程。学校精神的教育既不是简单的知识传授,也不是刻板的理论分析,而是需要人的体悟、发现与践行,需要精神和观念的传导,培育学校精神就必须先培育追求真、善、美的精神氛围,这就需要师生员工共同努力,经常性地灌输和教育,养成良好教风、学风和工作作风。

校训是一个学校的象征,是学校悠久历史和传统文化的浓缩,也是一所学校向心力所在。校训是学校的精神支柱和行为方向,是一所学校对其文化传统、学校精神的理想抽象和认同。一所学校的校训,最集中地反映了学校的办学理念和价值取向,表达的是学校管理者对师生员工的标准期望。久而久之,它融入一代又一代毕业生的血脉和灵魂,形成一种独特的学校精神。

校风校训精神的总结和提炼需要一个很长时间的形成过程,而这一过程,会受到许多新元素的影响,增加许多新的内涵。因此,目前很多学校都非常注重挖掘学校现有的优秀师生先进事迹,来不断宣传、丰富和拓展自己的校风校训,为其烙上更多的时代印记。

(三)凝练高职院校的精神文化

纵观一些高职院校的校园文化建设方面取得的成果,不难发现成功的高职院校都有着独具风格的校园精神文化。有的高职院校立足于区域经济,与区域企业互动,从而形成校企互动模式。有的学校立足行业发展,从而打造了本校在行业高职教育的领军地位。无论是什么特色或什么类型、模式,关键是能把学生、教师充分调动起来,使大家认可、参与到特色活动中,使本校的精神能够渗透到社会的方方面面,从而汇聚成学校巨大的声誉。高职院校精神特色的发展越长久,就越能促使学校精神文化水平得到不断地提升,从而形成精神力量,取得竞争优势。

(四)校长要从管理者角色向治理者角色转变

在建设学校精神文化的研究与实践中,许多实践探索者和理论研究者都肯定了校长的统领作用,校长被认为是第一责任人,要建设高职院校的精神文化,就需要校长统领全局。高职院校精神文化旨在形成"学校领导者富于激情、具有魅力,并能建立影响个人或小组的使命、价值及规范的学校精神文化"。因此,可以用"心灵艺术家"来比喻校长。校长完全可以通过治理,不仅仅是管理,把高职院校社会主义核心价值观细化、凝结成"魂"。

(五)明确高职院校的办学理念

办学理念是一所高职院校长期办学经验、办学思路及理性思维的总结和结晶,它体现的是一所高职院校的办学特色、价值取向及追求,是一个积累、提炼、升华的过程,也是与时俱进的过程。高职院校要高举高等职业技术教育旗帜,坚持高等职业技术教育方向,最大程度地满足社会对高职教育多样化的需求,最大程度地满足学生求知、求技、求职等多方面的需要,实现教育与生产相结合,教育与科研开发相结合,理论与实践相结合。坚持以人为本,办学以教师为本,教学以学生为本,人才培养以能力为本。

(六)明确社会主义核心价值观的指导地位

高等职业院校在我国各类高等院校中占有很大的比重,是我国高等教育的主力军。因此,其精神文化的建设必须明确社会主义核心价值观的指导地位,确保各类建设活动都在指导之下开展,赋予精神文化建设以更强的科学性及合理性。从精神文化建设的整体来看,明确社会主义核心价值观的指导地位既是第一步,也是最为关键的一步,对高等职业院校精神文化的建设效果产生了非常显著的影响。除此以外,社会主义核心价值观作为高职院校校园文化建设的指导思想,在很大程度上决定了校园精神文化建设的科学性和合理性,同时也是精神文化建设的风向标,从该角度来看,明确社会主义核心价值观的指导地位应该引起高等职业院校的高度重视。

(七)注重特色精神的凝练

要想建设具有特色的精神文化,增强学校的综合竞争力,我国高等职业院校就应该从自身的实际发展出发,以文化融合凝练特色精神,并重视创新精神的引领作用,从根本上推动精神文化的建设。

突出创新精神。在社会主义核心价值体系的指导之下,高等职业院校可以通过凝练与生活精神来推动精神文化的建设,并对物质文化、制度文化和行为文化的发展提供更多的动力。在此过程中,高等职业院校必须高度关注创新精神的弘扬和发展,通过各类活动,激发全体师生的创新精神,并将其与校园文化建设结合起来,提高校园文化的特色性。明确行业特色和办学优势。在突出创新精神的基础上,我国高等职业院校应该强化文化自觉,对自身的办学实际进行充分的分析,因此来明确行业特色和学校的办学优势,推动精神文化的深化发展。

以上海某高职学校为例,该校的校园文化建设,以精神文化为核心的,在目标上和事实上极具特色。以建设社会主义先进文化为方向,以打造"临川文化、中医药文化、大学文化"相互融合的"三元"文化为主要内容,以培养社会主义事业可靠接班人和合格建设者为目标,加大改革创新力度,提升活动效果,大力营造文化育人的浓厚氛围,努力形成独具特色的校园文化建设的大环境、大格局。

在打造行业特色上着手,以中医药文化是校园文化的源头活水。要把握中医药文化建设规律,努力营造中医药特色环境,建好学校药苑,创新中医药文化载体,解读中医经典,加强中医药研究,挖掘中医药文化特色。借助报刊或电视电台,开设中医药科普专版、专栏、专题或专访,组织中医药科普讲座,加强中医药知识、文化系统化宣传,弘扬中医"仁者爱人""大医精诚"的人文传统。以行业文化作为校园文化的精髓,对学校的发展起到了重大的推动作用。

第三节　高职院校特色的行为文化建设

一、高职院校行为文化建设中的问题

行为文化是高等职业院校校园文化建设的根本点,能够直接地体现出校园文化建设的实际效果。在学校中,学生对自己的行为都有很好的约束,对不符合行为规范的行为加以抵触。这一点是值得肯定的,在我国其他高等职业院校中也是如此,学生自身的成长阅历要求其对自己的行为进行约束。但与此同时,很多教师和学校领导清楚地知道行为文化对于人才培养的重要性,但由于人力物力的局限性,常常只能通过简单的口头倡导来加强行为文化的建设,效果并不明显,如何从道德行为、纪律行为学习行为。生活及消费行为、网络行为、交往行为层面上来提升学生的行为文化,还应与校园制度文化相结合,用制度规范行为,与专业精神文化相结合,引导学生专业行为的形成。因此,行为文化建设方面的建设也是我国各高等职业院校校园文化建设中的需要长期发展的一个问题。

二、高职院校行为文化建设的优化

在物质文化、精神文化和行为文化中,行为文化的建设可以说是高等职业院校校园文化建设的最终立脚点,是学校综合素质的最直接体现。因此,在这方面,高等职业院校也要下苦功夫,从教师、学生等角度出发,全面强化行为文化的建设。

行为文化是指人们在生活、工作之中所贡献的、有价值的、促进文明和人类社会发展的经验及创造性活动,它亦是文化层次理论结构要素之一。

高职院校行为文化是指学校师生员工在教育教学、科学研究、学术交流、学习生活和文化活动中所体现出的精神风貌、行为操守和文化品位。校风、教风、学风,榜样教育,学校内部行为规范,校园文化活动以及社会服务为其主要内容。学校风气主要由校风、教风、学风等要素组成。校风是指一所学校内全部教职员工共同具有的行为作风,是大家在管理、教学、科研、娱乐、服务等行为活动中形成的集体性的行为风尚。教风即教师风范,是教师的德行与才能的统一性表现,是指教师在从事教学和科研活动中所表现出来的思想作风和工作作风,是教师整体素质的体现,是教师行事作风、道德修养、治教态度的集中反映。学风是指学校师生员工在治学精神、治学态度和治学方法等方面的风格,归根到底是教师和学生对待学习这个问题上的思想态度和行为表现,它通过学习立场、学习秩序、学习路径、学习成效等具体地反映出来。"学风就是质量,学风就是水平,学风好坏是一个学校的声誉"。虽然只是短短一句话却将学风建设的重要意义蕴含其中。高职院校作为进行高等职业教育的场所,其持续发展离不开规范的约束,具体而言,高职院校内部行为规范是学校教职员工在参与活动中所遵循的规则、准则的总称,是学校教职工应普遍接受的具有一般约束力的行为标准,不仅包括学校的行为准则、道德规范、法律规定,还包括学校章程、学校制度中规范行为的具体内容。高职院校内部行为规范是横跨行为文化和制度文化一项重要内容,塑造和培育优秀的行为文化,应当以行为规范作为依托和保障。榜样教育适用于不同的教育对象,是思想政治教育的一种方法,高职院校内部榜样教育主要是面向学校教职工而建立的,借助于榜样人物和事例对学校教职工进行思想及道德的引导,以促进良好的学校行为文化建设。一个先进的典型、一个积极的事例往往胜过无数次简单的说教和空洞的号召,有了先进事迹和先进典型作为载体,学校教职工才有目标动力和效仿对象,榜样教育是学校教职工提高对社会主义核心价值观认识并向实践转化的催化剂,亦是行为文化发挥实效力、带动力的力量源泉。

行为文化是高职院校精神文化建设的具体体现。二者互为依托,联通互动,体现高职院校的校园文化精神风貌。高职院校行为文化建设是一个系统工程,不仅涉及校院内各方主体(教师、学生、管理者、其他服务人员)的行为方式的引导与行为模式的构建,而且涉及校院文化、企业文化与岗位文化的渗透与融合。应该注重以下几个方面的建设:

(一)专业、科技和艺术文化建设

专业文化建设作为校园文化建设的重要任务,要从开办专题学术讲座、开展读书研究、鼓励学生创办校内刊物三个方面狠下功夫,建设具有自己特色的校园学术文化。科技文化建设可通过组织学生参加全国或省市软件开发大赛、职业规划大赛、创业设计大赛、专业技能竞赛等科技活动,促进学生专业水平的提高,从而形成浓厚的学生课外科技活动氛围。艺术文化建设可以通过开展形式多样的"校园文化艺术节"活动,将文化素质教育渗透到校园文化艺术活动中,从而使学生从中受到教育与陶冶,提高其文化艺术修养和人文素质。

(二)教师行为文化建设

师者,传道授业解惑也。一个高职院校的教师应该更多地关注和介入校园文化,因为他本身就是其中的一部分。从开一次讲座,到耐心地辅导课外活动,从课堂教学的严格要求,到毫不犹豫地指正校园内学生的不文明行为,从义务担任学生社团的指导教师,到热心为相求的学生解决一些实际问题,所有这些都是一个教师无愧于"学高为师,身正为范"的行为表现。某高职学院为了使行业企业的优秀专家有时间到学校兼职授课,在教学安排上突破学校本位观念,调整学校的授课时间,实行7点到23点的授课时间制度,让学生能学到优秀行业专家传授的真实有效的实践技能。

(三)校园文化活动的建设

要选择那些最能体现高职院校精神和更有助于培养高职院校精神的校园

文化活动形式,如开展高职院校学生课外科技活动、举办学生科技报告会、建立科技成果奖励机制,可以提高学生的动手能力、分析和解决问题能力和创造能力。开展不同类别、专业的知识竞赛、辩论会、演讲比赛、英语大赛,不但可以拓宽学生的知识领域,还可以提高学生的表达能力、应变能力。开展摄影比赛、图片展览、书画比赛、文艺晚会等,可以提高学生的艺术修养、鉴赏水平和审美情趣。开展世界观、人生观、道德观等讲座和形式活泼的讨论会,可以引导学生树立远大理想,培养高尚情操。

(四)道德实践建设

要深入开展青年志愿者服务和社会实践活动。要建立与高职院校专业特色相适应的社会实践基地,组织学生深入农村山区、工厂企业、乡村学校等开展科技、文化、卫生三下乡社会实践活动,让学生与社会融为一体,把服务他人与教育自我有机结合。

(五)构建院系文化

各教学院系根据不同的专业特点,在教学、科研、师资建议、实验室建设、技能操作、学生文娱活动等方面力争办出各自精品,建立展示橱窗,形成各具特色的学术、科技、教师和学生文化,创建品牌专业。

(六)加速数字化校园建设

加快多媒体网络教学系统,数字化图书馆,微博微信等新媒体建设,采取有效措施营造良好的网络文化,以适应不断发展的信息化潮流。

(七)行为文化活动设计

特色行为文化活动的设计和开发,要充分考虑一所高职院校的定位、专业设置、历史传统、地域特点和时代特征等因素。工科院校、综合性高职院校、师范专科院校和各类专门性高职院校,校园文化活动的主题就有所区别。高职院校的行为文化活动,可以归纳为两种类型:一是加强型,指通过校园文化进一步凸现和加强本校优势专业的特点,如在教师教育类高职院校,可紧紧围绕教师素养的培养开展各类校园文化活动培养学生,即未来教师的从教理念、从教意识、从教素质和从教能力;二是弥补型,指从培养全面、可持续发展的人才出发,主要通过课余文化活动,弥补学生知识结构的缺陷,如工科院校在加强专业教育的同时,注意增加人文素质教育的内容,培养学生的人文素养。另外,各高职院校在多年的办学实践中,在校园文化活动开展方面形成了一些经过多年锤炼的传统项目,应注意保留,挖掘本校在校园文化建设方面的历史传统资源,强化校园文化的特色。紧密结合当地的社会经济发展状况,利用地方资源优势开展校园文化活动,也有助于增强校园文化的特色和活力。

(八)明确教师的主导地位

学校是高等职业院校校园文化建设的主阵地,而教师在行为文化建设中又起到了重要的引导作用。教书育人是教师的基本职责,而高等职业院校与普通高等学院有所不同,教师更应该明确教书育人的职责,充分结合学校教育现状,准确地把握自己在行为文化建设中的主导地位。在授课内容方面,教师要确保课程内容与培养创新型人才的目标一致;在授课方式上,教师要采取有效的方法,开阔学生的思路,激发学生的创新精神。除此以外,在学生行为方面,教师还要高度关注学生的行为特征,及时地发现不利于学生长远发展的行为,并加以引导。

(九)大力培养学生优良品质和高尚的专业精神

我国当代大学生部分学生的缺点就是怕苦、怕累、怕难,由于自我要求过低,家长过度呵护,大学生对自我的约束越来越低,甚至对最基本的道德规范也越来越漠视,遇到一点苦难就放弃,缺乏艰苦奋斗的热情和勇气。对此,高等职业院校可以通过开展一些竞赛性质的竞技活动,培养学生吃苦耐劳的行为品质,提高其面对困难的决心和勇气。在文化活动中,在教学过程中着力提高学生的道德、学习自律性等方面的素质。当前,随着互联网信息时代的发展,大学生上网时间不断延长。在这样的时代环境下,高职院校还可以在学校微信、微博平台上发布文章或漫画,传递正能量,鼓励大学生培养自己的奋斗精神。例如,学校在"道德讲堂"活动的开展中,以集体朗诵《大医精诚》、学习校内专业长辈的行医路程等形式,重于提升医学生们救死扶伤,不忘医德的专业品质。同时,高职院校还可以邀请相关专家开展专题讲座、邀请优秀毕业生进行演讲,在潜移默化中培养学生的专业精神。

(十)增进文化的传播,提升文化影响力

用文化来影响行为这是我们开展校园文化建设的最终目的,而文化的传播需要一定的载体。师生对偏向喜欢选择哪一种载体,会使得该载体传播后的影响力增大。当前,文化的传播媒介形式多种多样,受新媒体时代的影响,文化的交换更倾向于互联网媒介。因此,校园文化的传播同样要跟上发展趋势,才能增进其传播速度及其文化的影响力。作为学校来说首先要在官方网站中及时展示校园文化的开展;其次,各高职院校开通微信公众号,由学生更新文化活动的内容,能起到风向标的作用;有条件的情况下,还可以用视频、设备。专业App来大力推广校园文化。通过互联网这个媒介,投其所好地找准切入点,潜移默化的方式将文化影响学生,最终提升了文化对行为的影响力。

第六章
新媒体环境下优秀文化传统与高职院校校园文化建设

"中国传统文化博大精深,学习和掌握其中的各种思想精华,对树立正确的世界观、人生观、价值观很有益处。"校园文化对青年大学生成长成才具有潜移默化的作用,因此将优秀文化传统融入校园文化建设不仅对延续中华文明、全面提升青年大学生文化素养意义重大,而且是增强国家文化软实力、维护文化安全、建设社会主义文化强国的重大战略任务。

第一节　优秀传统文化的基本内涵与传承意义

中华优秀传统文化积淀着中华民族最深沉的精神追求,代表着中华民族独特的精神标识,是中华民族生生不息、发展壮大的丰厚滋养。为了充分发挥中华传统文化对于校园文化建设的潜在资源性意义,使之成为涵养校园文化的重要源泉,必须"讲清楚中华优秀传统文化的历史渊源、发展脉络、基本走向,讲清楚中华文化的独特创造、价值理念、鲜明特色"。

一、中华优秀传统文化的基本内涵

中华优秀传统文化是中华民族在历史上形成和发展起来的比较稳定的文化形态,是中华民族语言习惯、文化传统、思想观念、情感认同的集中体现,凝聚着中华民族普遍认同和广泛接受的道德规范、思想品格和价值取向,具有极为丰富的思想内涵,是中华民族集体智慧的结晶。

(一)中华优秀传统文化中蕴含了丰富的价值理念

中国人民在同自然、社会与他人的相处过程中形成了"讲仁爱、重民本、守诚信、崇正义、尚和合、求大同"等价值理念,为人们认识和改造世界提供了丰富的启迪,为治国理政提供了有益借鉴。"讲仁爱"是中华民族立人道德的核心,在修齐治平的理想与实践中,孔子讲"仁者爱人",孟子说人有"四端",都从人性善的角度指明人的本心先天就含有"仁、义、礼、智"等品格,为忠恕、仁政等道德与政治理念做了铺垫。"讲民本"是传统社会政治思想的基本理念,孟子讲:"民为贵,社稷次之,君为轻",意思是说,相比于君王和社稷,百姓才是最应优先受到重视的,君子为民是一切社会政治活动的根本目的和价值标准,这也是中华民族以人为本思想的渊源。"守诚信"是做人的首要任务,是君子建功立业的底线。"自古皆有死,民无信不立",传统文化反复传达这样的理念,一个人如果没有信用,就没有立足之地,一个国家如果对百姓不讲信用,也必然要垮掉。"崇正义"是中华民族对政治、法律、道德等领域中的是非、善恶所作出的积极判断,它所追求的是公平正义的社会秩序和舍生取义、以天下为己任的责任担当。"正其义而不谋其利,明其道而不计其功",没有对正义的追崇,利益也就成了突兀的存在。"尚和合"是中华民族的性格和心理在社会生活和国家关系上的体现,《周易·乾卦》中说:"乾道变化,各正性命,保合太和,乃利贞。'尚和合'强调矛盾关系中的协调,对待不同事物的差异和冲突,既不回避和掩饰,也不夸大和激化,而是努力通过沟通和协商的方式加以解决。"求大同"则是中华民族最崇高的社会理想,它突破了一国一族的界限,追求天下为公的理想境界。不同时期、不同学派都追求这样的理想社会,如老子的"小国寡民",墨子的"兼爱非攻",康有为的"大同社会",都寄予和积淀了中华民族的价值追求。

(二)中华传统美德是中华优秀传统文化的精髓

"中华传统美德是中华文化精髓,蕴含着丰富的思想道德资源。不忘本来才能开辟未来,善于继承才能更好创新。"中华民族在漫长的历史发展中形成了"自强不息、敬业乐群、扶危济困、见义勇为、孝老爱亲"等美德,并随着时间的洗礼逐渐融入了中华民族的思维习惯和生活方式之中了。"自强不息"是个体修身力行的重要品格,"天行健,君子以自强不息","非弘不能胜其重,非意不能致其远",只有自我刚强,才能担负起大任,只有坚持不懈,才可能完成大任。儒家的创始人孔子穷其一生追求理想社会,奔走各个诸侯国依然不改对"道"的追求,越王勾践卧薪尝胆以警示自己不能忘记复国大计,都是自强不息的典型。"敬业乐群"是传统职业道德的核心规范,他强调对所从事的学业、事业要专心尽责,对所交往的朋友要和谐融洽,不要被孤立。《礼记·学记》中就记载:"一年视离经辨志,三年视敬业乐群",儒家对学生的考察是非常具体的,入学一年后考察的是对经文的熟读与理解,以此来辨别学生的志向,入学三年后则要考查学生是否尊重专注于学业,乐于与人群相处。"扶危济困"是处理群己关系的一种美德,是中华民族重义品格的体现。墨子曾说"视人之国若视其国,视人之家若视其家,视人之身若视其身",扶危济困所体现的正是这样一种兼爱的精神,牺牲自己的利益以帮助他人,反映了中华民族对待他人的同情心和乐于助人的优良品质。"见义勇为"是一种敢于担当的无所畏惧的品质。儒家说"见义不为,无勇也",见到应该去做的事情而不做,就是没有勇气。传统文化中认为,人们在生活中遇到合于道义的事情就要勇敢去做,但"君子有勇而无义为乱,小人有勇而无义为盗",只有勇而没有谋略、不讲求义,那么就会出现作乱的事情。"孝老爱亲"即孝敬老人、爱护亲人,它是传统家庭美德的基本要求。孝老既要在衣食住行等物质方面满足父母的要求,也要尊重父母、事之以礼,不让父母担忧,对待父母的错误也要委婉地规劝;爱亲则是要兄弟之间互相关心、互相爱护,夫妻之间相敬如宾、同甘共苦。

(三)人文精神是中华优秀传统文化的基本精神

人文精神是人伦有序的理想中的文明社会的运行法则。中华优秀传统文化积淀着多样、珍贵的精神财富,是中华民族思想观念、风俗习惯、生活方式、情感样式的集中表达,至今仍然具有深刻影响。传承发展中华优秀传统文化,就要大力弘扬有利于促进社会和谐、鼓励人们向上向善的思想文化内容。第一,掌握求同存异、和而不同的处世方法。儒家在君子与小人的区别的问题上曾做过很多比较,例如"君子和而不同,小人同而不和","君子喻于义,小人喻于利","君子怀德,小人怀土;君子怀刑,小人怀惠",其中"和而不同"不仅是君子之道、事君之道,更是士人、国家之间的相处之道,体现了中华文化具有包容和忍耐、博采众长和与时俱进的特征。以"和"为准则就是要在听取各种不同声音的基础上独立思考和判断,在相互影响中使事物得到发展。第二,贯彻文以载道、以文化人的教化思想。"观乎人文以化成天下",人们在接受了各种文化形式的教育之后自然会形成一定的价值品质,而这样的品质也会潜移默化地融入我们的生活。中华民族在教化中非常重视各种文化形式的熏陶作用,实际上也是将教化与国家治理结合在了一起。第三,锤炼形神兼备、情景交融的美学追求。对真善美的追求是人类永恒的话题,也是文艺创作的永恒价值。"酌奇而不失其真,玩华而不坠其实",文艺对美的追求要符合美的发展规律,要善于向人民、向生活寻求灵感与内容,通过加工与创作发挥展现人们丰富生活、发挥引领社会风尚的作用。第四,坚持简约自守、中和泰和的生活理念。消费理念的节制在物质层面表现为节俭、克制、清贫自守,在精神层面表现为坚其操守、泰然处之,天地万物各归其位。传统文化时常教导人们怎样的生活是值得追求和坚守的,应该在个体与自然、社会的交往中遵循天地运化的规律,保持自我的平衡。

二、当前传承优秀传统文化的重要意义

随着党和国家对传统文化的重视,特别是中华民族伟大复兴中国梦的逐步实现,全社会都形成了一股对优秀传统文化的热情,参与主体逐渐增多,参与形式丰富多样。因此,在传承中澄清传统文化内涵、转化传统文化成果,对于延续中华文明、实现伟大中国梦,增强文化软实力、维护国家文化安全,提升全社会人文素养特别是当代大学生的民族认同感都具有重要意义。

(一)传承优秀传统文化是延续中华文明、实现伟大中国梦的重要支撑

优秀传统文化印记着中华民族在历史长河中的兴衰点滴,积淀着中华民族最深沉的精神追求,代表着中华民族最独特的精神标识。在人类文明之中,中华文明不是最早诞生的,但是古埃及、古巴比伦、古希腊、古印度、古罗马文明只盛极一时,而中华民族拥有五千多年的未曾中断的文明史,这是文明的创造者与传承者之间的默契,共同的生活区域和语言,共同的生活习惯与思维方式,在一定程度上让二者能够彼此认同。全球化时代,民族的复兴与文化的繁荣更是不可分离的。优秀传统文化通过价值理念、传统美德、人文精神凝聚中华文明,传承优秀传统文化正是延续中华文明的重要路径。"一个民族、一个国家,必须知道自己是谁,是从哪里来的,要到哪里去",一个民族、一个国家如果失去了对自身文化传统的自信与自觉,就必然堕入历史的深渊。中华民族要实现伟大复兴的中国梦,既要明了自己的文明史,深谙自己的文化传统。

(二)传承优秀传统文化是增强文化软实力、维护国家文化安全的战略内容

越是民族的,越是世界的。改革开放以来国内经济大发展,人民生活水平显著提高,社会文化消费需求空前增加;国际上经济全球化、科技信息化迅猛发展,各种思想文化交流交融交锋,为维护国家文化安全提出了更加艰巨的挑战,国家文化软实力之间的竞争日趋强烈。中华民族要拥有更多的话语权,不仅要在经济发展和科技进步上对人类有所贡献,还要在文化上形成独特价值标识、

成为世界文明的标杆,而中华优秀传统文化则是重要内容和突破点。中华优秀传统文化是中华民族的"根"与"魂",沉淀了民族的集体记忆,它所彰显的民族历史、社会制度与历史成就是不容置疑的,至今仍是促进民族进步的思想保证和精神载体,因此传承优秀传统文化就是要坚定中华文化自信。

(三)传承优秀传统文化是建设大学校园文化的重要方式

大学校园文化凝聚了大学的精、气、神,代表了大学的精神品格和培养旨趣,也深刻影响着大学教育的效果。大学校园文化的建设,离不开中华优秀传统文化的滋养,需要从优秀传统文化中需要智慧和借鉴。其一,优秀传统文化为大学校园文化建设提供理论滋养。"中华传统美德是中华文化精髓,蕴含着丰富的思想道德资源。不忘本来才能开辟未来,善于继承才能更好创新。"大学校园建设应当从传统文化中去寻找丰厚的理论资源。比如,中华优秀传统文化中蕴涵爱国、自强、诚信、知耻、改过、厚仁、贵和、重义、尚勇、好学、审视、求新、勤俭、务实等德目,将这些思想加以改造,融入校园守则和校规校训中,融入师生的日常思维方式、价值观念和行为习惯中,有助于形成良好的校园文化。因此,要秉着"取其精华,去其糟粕"的原则,挖掘传统文化中的优秀部分,将其改造成新的理论,为大学校园文化建设提供理论滋养。其二,优秀传统文化为大学校园文化建设提供实践之路。校园文化中的很多内容来源于对优良传统文化的提取和发展。对优良传统文化的弘扬,让优秀的传统文化重新焕发生机,就是大学校园文化建设的表现形式之一。对传统文化中的优秀教育资源进行挖掘和提炼,使之成为涵养校园文化建设的重要源泉,是校园文化建设的重要方面;知只是学的一个方面,通过行,可以将所知所学固化于行,内化于心,将传统文化中的美德运用于校园生活实践,则是践行校园文化的重要方面。

(四)传承优秀传统文化是完善大学生个人品格的重要途径

优秀传统文化不仅有利于构筑中国人的精神世界,更是构建大学生思想道德素质、增强民族认同感的重要基础。中华优秀传统文化中蕴含了丰富的哲学思维、政治智慧与治国经验,还蕴含了强大的精神力量、道德理想和价值理念,对于回应市场经济条件下的浮躁心理、重塑中国人的精神世界具有启迪意义。大学是青年价值观形成的关键时期,大学生是国家的未来、民族的希望,他们具有什么样的价值观不仅关系到个人的发展和前景,还关系到民族的命运和前途。

传承优秀传统文化有利于提升大学生的传统文化涵养和民族自信。中华传统文化绵延五千年而不绝,中华民族是强大的民族,中华民族的文化是世界民族文化之林中的瑰宝。加强对优秀传统文化的学习,促使大学生传承优秀传统文化,有利于提升大学生对优秀传统文化的认识,增强大学生的民族自信心和民族自豪感,增强中华民族的文化自信。提升大学生的对国家命运与个人命运关系的认识。传统文化强调将个人命运同国家命运紧密相连,"天下兴亡,匹夫有责""先天下之忧而忧,后天下之乐而乐""苟利国家生死以,岂因福祸避趋之"等说法都充分体现了中国传统文化的情怀。大学生在传承传统文化的过程中,会受到这种情怀的影响,加深自己对国家命运同个人命运关系的认识,树立正确的人生理想和追求。提升大学生的个人思想品德。传统文化中包含着大量的关于个体思想品德修养的原则和方法,比如儒家关于"仁者""君子"的学说,关于"慎独""内省"的自我修养方法,了解和学习这些学说和方法,有利于陶冶大学生的情操,提升大学生的个人思想品德。总之,传承优秀文化传统不仅提高全民族的文化认同与人文素养,还能够着力完善大学生的道德品质、理想人格、政治素养,塑造大学生的世界观、人生观、价值观,正确认识坚定自信。

第二节　优秀传统文化与校园文化的内在关系

优秀传统文化与校园文化有着相辅相成的关系。一方面,优秀传统文化为校园文化精神的形成、为校园日常行为的养成、为校园制度规范的建设提供借鉴和参考,使得传统文化成为涵养校园文化的深厚源泉;另一方面,校园是优秀传统文化教育的主阵地、校园文化内涵着优秀传统文化的基因、校园文化实现了优秀传统文化的创新性转化和创新性发展,使得校园文化成为弘扬优秀传统文化的重要载体。

一、优秀传统文化是涵养校园文化的源泉

校园文化的建设发展,离不开对优秀传统文化的借鉴和发扬。校园文化的建设,需要根植于优秀传统文化的土壤之中,优秀传统文化则是涵养校园文化的重要源泉。

(一)为校园精神气质形成提供借鉴

校园文化是师生在长期的教学实践和学习生活中形成的价值观念、思维方

式、生活方式与行为习惯。校园文化对师生具有潜移默化和深远持久的影响，指导并塑造人生。大学不是孤立的社会组织，属于社会文化组织，校园文化的发展同一定时期的社会政治、经济、文化、历史与国外影响都密切相关，它是展示学校形象、提高学校文明程度、体现学校综合实力的重要指标，所以先进的、健康的校园文化会促进师生的发展，落后的、腐朽的校园文化则会阻碍师生的发展。

高校的人文精神是校园文化的重要组成部分，它对学生起着强烈的熏陶作用，直接影响学生价值取向、人格完善以及文化思想素质的提高。中华民族传统文化中向来存在着一以贯之的人文精神，即以人为核心，把人的伦理精神、道德情感的提升放在首位。儒家文化视人格完善为教育的终极目标，当前校园文化应当借鉴这一智慧，将人文教育贯穿于教育活动和校园文化建设的全过程，使整个教育活动和校园文化体现人性化、人格化、个性化的特征，强调人的自由、尊严和人格，营造以人为本的校园人文环境。从而体现出积极健康的校园精神气质。

（二）为校园日常行为养成提供指导

在中国传统社会中，国家对百姓的教化过程特别强调遵从"人伦日用"的思想。所谓"人伦日用"就是指在传统生活中，老百姓自觉地将道德观念和道德规范系统贯彻于他们的日常生活的方方面面，内化于日常生活之中，使之成为引导百姓生活的思维方式、价值观念的一种过程或生活状态。在传统社会中，百姓自觉将伦理道德观念贯彻到日常生活之中，这构成了传统社会百姓生活的基本面貌。传统德育的贯彻除了直接的道德宣传之外，更多地体现为百姓生活的各个角落，衣食住行、日常交往，无不体现着伦理道德观念和日常规范，这是传统生活，也是传统德育的最基本的面貌。

将传统文化融入校园生活过程，同样不能单纯地停留在思想理论层面，真正地融入，应该将传统文化融入校园的日常行为的养成中，实现优秀传统文化，特别是优秀传统文化中德育资源的"人伦日用"。为此，在将优秀传统文化融入校园文化建设过程中，要强调将优秀传统文化转变为师生交往的具体准则；要强调将优秀传统文化的核心精神融入校园活动的设置当中。总之，要让优秀传统文化内化于校园日常行为的养成之中。

（三）为校园制度规范建设提供参考

优秀传统文化中，有许多关于制度规范的智慧，这些将为当前校园的文化建设提供制度规范方面的参考。回顾历史可知，传统文化具有从指导思想到百姓行为规则的系统性的制度规范。在指导思想上,自董仲舒"罢黜百家,独尊儒术"以来,儒家思想长期成为中国社会的正统思想,指导一切制度和规范的设立。在制度规范的设置上,古代社会强调针对不同地域、不同对象设立不同的制度规范,例如每个地方都有属于自己的乡规民约。又如,针对不同的对象,会有不同的道德规范来制约,臣子要遵从为臣之道,朋友要遵从交友之道,为人子要遵从孝道,等等。为此,我们可以辩证地加以对待,吸取其中的合理因素,摒弃其中的糟粕。比如,在校园制度规范的建设过程中,我们也需要确立正确的指导思想;针对不同的对象,设置不同的规范,老师要遵从教师守则,学生要遵从学生守则。同时,在制度规则的设置上,可以借鉴优秀传统文化的经验,如可以将传统美德加以适当改造,纳入教师守则和学生守则的具体条例中。

二、校园文化是弘扬优秀传统文化的载体

校园文化是弘扬优秀传统文化的重要载体,这体现在校园本身是优秀传统文化教育的主阵地,体现在校园文化中内含了优秀传统文化的基因,也体现在校园文化有利于优秀传统文化的创造性转化和创新性发展。

(一)校园是优秀传统文化教育的主阵地

文化的传承主要是依靠教育来实现的,大学要充分发挥以文化人的作用,将文化的传承、创新与交流结合起来,不仅要传承优秀传统文化,更要主动推动文化的创新与传播;不仅要研究回答传统文化领域的理论问题,更要研究回答传统文化在当前实践中的重大现实问题,这是大学教育的重要职责与必然使命。在大学教育中开展优秀传统文化教育,既能将各种理念、精神、习惯、规则等的学习和养成贯穿于课程设置中,也能够渗透于学校的日常管理和宣传活动当中,这是提升青年大学生对传统文化认知的重要渠道,而大学教育更是抓住了青年大学生世界观、人生观、价值观形成的关键期,教育效果明显。与此同时,大学在传承优秀传统文化中还能够依靠青年大学生良好的同辈影响力,在激活对传统文化的知识需求与个体运用能力提升方面具有非常大的潜力。

随着时代的变迁和社会的发展,大学的内涵与功能都会有所改变,但大学的文化本性不会变也不应该变,校园文化的建设不会停止也不应该停止,因为脱离了文化的传承、创新与交流,人才培养、科学研究、社会服务也都成了无源之水、无本之木。因此,从文化自觉的高度主动吸收优秀传统文化,依照大学教育在育人上的要求有选择地开展优秀传统文化的普及与提升,才是大学教育保

持自身繁荣与权威地位的必然之举。

(二)校园文化内涵着优秀传统文化的基因

我国高校一大重要使命就是引导师生培育和践行社会主义核心价值观。在这样的大背景下,校园文化的核心必然同社会主义核心价值观密不可分,并且成为培育和践行社会主义核心价值观的重要方式。我们知道,社会主义核心价值观并不是凭空产生的,它既根植于中国革命的实践,也根植于中华优秀传统文化的深厚土壤,比如社会主义核心价值观在个人层面提出的"爱国、敬业、诚信、友善"都是来源于中华传统美德的重要组成部分。由此可见,社会主义核心价值观内含着优秀传统文化的基因,作为培育和践行社会主义核心价值观重要方式的校园文化,自然也内含着优秀传统文化的基因。

校园文化中借鉴大量的优秀传统文化资源,使得其内含着优秀传统文化的基因。比如,许多高校在校训的制定过程中,充分借鉴优秀传统文化的智慧,将传统文化关于道德品质和理想人格的追求改造为校训。如"自强不息,厚德载物"的校训就来源于《周易》中"天行健,君子以自强不息;地势坤,君子以厚德载物"说法。中国大部分的高校校训都借鉴了古代智慧,这充分反映大学校园文化内涵着优秀传统文化的基因。

(三)校园文化助力优秀传统文化的创造性转化和创新性发展

校园文化有利于优秀传统文化的创造性转化和创新性发展,这体现在:第一,校园文化在自身的形成和发展过程中,借鉴和吸收了中华优秀传统文化的重要组成部分,这样一种借鉴和吸收本身,就是优秀传统文化创造性转化和创新性发展的具体体现。第二,随着时代的发展,校园文化需要与时俱进,不断创新发展,校园文化本身内含着传统文化的基因,校园文化在创新发展的过程中,也意味着优秀传统文化的创新和发展,因此可以认为,校园文化带动优秀传统文化的创造性转化和创新性发展。

第三节 优秀文化传统融入高职院校校园
文化建设的基本思路与具体路径

将优秀传统文化融入校园文化建设过程中,不是一蹴而就的事情,而是一项长期的事业。为了更好地完成这一事业,我们可以从优秀传统文化融入校园文化建设的基本思路和具体路径两个方面提出一些建设性意见。

一、优秀文化传统融入校园文化建设的基本思路

优秀传统文化融入校园文化的过程中,要充分明确教育目标,正确把握校园文化建设的基调;要坚持问题导向,明确校园文化建设的任务;更要打破传统思维,提升校园文化建设的效果。

(一)明确教育目标,把握校园文化建设的基调

牢牢把握社会主义先进文化前进方向。坚持马克思主义指导,坚持中国特色社会主义理论,坚持培育和践行社会主义核心价值观。将优秀传统文化融入校园文化。"主导意识与支援意识关系"说主要是从古今关系立论,从坚持先进文化的前进方向立论,强调立足现实,顺应历史发展规律,而又不割断历史,将有价值的历史资源转化为支援意识,古为今用。当前,在继承中华传统美德并实现其创造性转化时,也应该以这一观点作为研究的前提,在校园文化建设过程中,牢牢把握社会主义先进文化的前进方向,也就是要坚持马克思主义思想的指导,坚持中国特色社会主义理论的指导,坚持培育和践行社会主义核心价值观。

坚持"育人为本,德育为先"的根本目标。"育人为本,德育为先"是校园文化建设的根本目标。校园文化建设的成效主要体现在人的全面发展。校园文化建设对培养青年大学生正确的世界观、人生观、价值观和理性的行为方式具有重要的作用。以优秀文化传统融入校园文化建设,必须始终把培养学生、促进学生的全面发展作为校园文化建设的根本出发点,破除简单化、行政化的建设思路,遵循文化发展的规律、教书育人的规律、学生思想认识形成的规律,将校园文化建设与大学生成长成才统一起来。

(二)坚持问题导向,明确校园文化建设的任务

优秀文化传统融入校园文化建设要坚持问题导向,具有问题意识。

以优秀文化传统促进校园文化建设,要以大学生的需要为中心导向。其一,要明确大学生的多重需求,大学生在学习既有对了解、认识和掌握优秀传统文化的需求,也有提高个人修养的需求,要针对大学生不同种类的需求,制定不同的教育教学方案。其二,要关注不同层次学生的需求。不同年级、不同年龄和不同层次的大学生,对文化学习的要求不尽相同。不同专业和不同地域学生,对文化的需求也可能存在差异。面对这些情况,优秀传统文化融入校园文

化建设过程中,要充分重视大学生不同需求,尽可能做到因需施教。其三,以优秀文化传统促进校园文化建设,还必须紧紧围绕大学生的需要和关注的热点难点,有针对性、有步骤地主动回应困惑和满足好奇,通过优秀传统文化的渗透,促进大学生的认知发展与思想成熟,引导大学生自觉传承优秀文化传统。

以优秀文化传统促进校园文化建设,重视校园文化建设需求。校园文化发展有其自身的规律,不同学校对校园文化的需求不尽相同,同一学校在不同时期对校园文化的需求也可能不相同。面对这些情况,优秀传统文化融入校园文化建设过程中,要做到具体问题具体分析,充分尊重学校对校园文化建设的特殊需求,做到有的放矢。

以优秀文化传统促进校园文化建设,要兼顾传统文化创造性转化和创新性发展的需要。优秀文化传统内涵丰富,以其融入和促进校园文化建设,就必须讲明白什么是优秀传统文化,为什么需要优秀传统文化,传承哪些传统文化,既要讲清楚它最根本、最内在的思想,也要讲清楚具体的表象和完成方式。

(三)打破传统思维,提升校园文化建设的效果

改善实施理念,坚持以学生为主体。校园文化对青年大学生的影响是潜移默化的,高度重视优秀文化传统融入校园文化建设,必须要坚持学生主体,主动适应青年大学生分众化、差异化的群体特征,丰富校园文化的影响方式。

创新传播方式,积极利用新兴媒介。新形势下,网络媒介深刻影响着大学生的日常生活,大学生们通过网络获得资讯,通过网络聊天交友,通过网络发布个人生活状态,通过网络消费购物,甚至通过网络学习科学文化知识。可以说,网络对于大学生生活而言无孔不入。传统教育方式注重面授和阅读带给大学生的影响,当前形势下,如果忽视新媒体对大学生生活的影响,必然难以获得良好的教育效果。因此,将优秀传统文化融入校园文化过程中,要坚持创新传播方式,积极利用大学生对新媒介的喜爱和依赖。既要借助微信公众号,微博平台等发布重要的宣传信息,也要借助微课、慕课等新型网络课程形式,扩展教育教学方法,提升传统文化教育和校园文化建设的效果。

破除一元思维,强调课堂内外联动。校园文化建设不能单纯依赖课堂教学,还需要大量课外活动的辅助。课堂教学是向大学生传授传统文化理论知识的重要平台,有助于大学生从抽象层面理解优秀传统文化的内涵。但单纯的课堂教学是不够的。中国传统文化向来强调知行合一,强调在实践中加深对某一

事物和某一道理的认知。优秀传统文化融入校园文化的过程,实际上就是优秀传统文化进入学生头脑的过程,也就是提升大学生对传统文化的认知,升华大学生传统文化素养的过程。在这一过程中,要充分认识到课外活动对大学生传统文化教育和大学校园文化建设的促进作用。一方面,为大学生学习优秀传统文化提供更加生动活泼的学习途径;另一方面,让大学生有机会在现实生活中将所学知识在实践中获得检验,加深和巩固已有认识,提升传统文化教育效果,从而提升校园文化建设效果。

二、优秀传统文化融入校园文化建设的具体路径

关于优秀传统文化融入校园文化建设的路径问题,可以从教育形式的创新、文化产品的制造、校园文化空间意识的提升、传统文化融入校园文化建设的环节以及制度设计等方面来考虑。

(一)课堂教育与校园活动并举,创新优秀传统文化教育形式

近年来,不论必修课还是选修课的开设都存在严重的教学资源短缺、人才不足、贯彻乏力的问题。强调要"推动高校开设中华优秀传统文化必修课,在哲学社会科学及相关学科专业和课程中增加中华优秀传统文化的内容。"由此可见,继续加强优秀传统文化课程建设是高校的战略职责,但基于高校目前教育资源分配不均衡和高校教学发展的新动态,可以尝试探索课程教育与校园活动的融合,将优秀传统文化的传承融入校园文化建设,从而更好地激发青年大学生了解和传承传统文化的积极性和主动性。

某知名大学 2013 年起步的"读史读经典"活动为例。该活动设立的目的是帮助学生提高人文修养、获得历史启迪、提高表达与写作能力,实现学生的智力与人格双重发展。在实现形式上,"读史读经典"项目突破了传统的史学课堂教授模式,实现"史学阅读"与"读史实践"两个环节的有机结合。具体就是将该项目纳入本科教学方案,计 2 学分,属于必修课,但又不以课程的方式开展,而是在教师的指导下由学生自主选择、制定阅读计划,自选参加由学校或学院、党支部等多主体组织的包含讲座、参观、沙龙等在内的读史实践活动,自选题目完成一篇规范的论文。在成绩认定上,凡按时完成阅读任务,如期提交读书报告和论文,足项参与读史实践的学生,便可获得学分。在队伍建设上,该大学由班主任担任"研读导师",并选拔近百名优秀研究生担任 80 个班级的"读史辅导员",深入班级提供阅读指导,带领班级开展读史实践。在师生朋辈的互动过程中,

"研读导师"及"读史辅导员"的行为,无形中对学生产生潜移默化的影响。项目在引导学生"回归经典""接近名著",营造"悦读"氛围,激发学生的阅读兴趣,培养学生的阅读习惯等方面都收到了良好的成效,既弘扬了优秀传统文化,也推进了社会主义核心价值观建设。项目的成功还促进了大家对大数据时代、互联网思维下学生工作的思考。

由此,探索课程教育与校园活动的融合,可以将优秀文化传统的传承与校园文化建设实现有机结合,促进校园文化在提升大学生人文素养方面的积极作用。探索课程教育与校园活动的融合,首先,要实现学校教学管理整体推进,打通课程教学与团学活动的有机联系,创新学分认定标准与方法。将课程教学推广到学生喜闻乐见的校园活动中,通过讲座、沙龙、竞赛、文艺等多种方式激活大学生学习的积极性和主动性,培养大学生的人文素质,既减轻了教学的压力,也提升了校园活动的内涵。高校各部门应主动发挥联动作用和一体化进程,创新学分的认定与考核方法,将学习渗透到学生的日常生活中。其次,要摆正课程教育的立场,防止校园活动的自主性对课程教育主题的冲击。课程教育是传承优秀传统文化的主渠道,包括优秀传统文化必修课程、选修课程与多学科融合课程,课程教育借助校园活动增加教育的趣味性和灵活性,必须做好教学设计与过程管理,提升教学效果的针对性与实效性。在校园活动的组织上,要紧密结合优秀传统文化教育主题,如"高雅艺术进校园"活动和主题社团建设,可以将传统的戏曲、书法、传统体育等内容融进校园生活;竞技类的演讲比赛、知识竞赛、才艺展示等可以将传统技艺与知识教育融入校园生活。最后,探索课程教育与校园活动的融合,要积极发挥青年同辈群体的影响力与感召力。大学生自主性和自觉性的高低在一定程度上决定了课程教育与校园活动融合的效果,将辅导员、班主任、青年教师与高年级学生组织到青年大学生学习传统文化的教学与互动中,能够最大限度地激活青年大学生的看齐意识,自觉主动地完成教学要求、超越自我局限。

(二)自觉制造文化产品,做好校际交流与品牌推广

如何实现优秀文化传统对校园文化建设的促进作用,没有固定的、普适的方法,也不是所有的高校都能够在传承传统文化教育的过程中打造出自己的校园文化品牌,因此各地区、各高校、各学院应始终坚持立德树人的根本目标,结合地域优势、校本优势、学院优势、师资优势探索适合自己的建设路径,并树立

品牌意识,形成文化产品,将模式探索与传播推广相统一,主动为他校提供可资借鉴的资源。

在学校探索方面,以某大学大学生传统文化教育筑梦工程为例。该大学主要通过两个方面实现了学校传统文化教育的品牌化。一方面,以特色活动为重点,成立传统文化宣讲团,以"请进来""走出去"相结合的方式,深入推进传统文化宣传普及;夯实"铸魂工程",推进传统文化与社会主义特色原理和中国梦理论携手,提高思想政治理论课的吸引力和感染力;围绕中国梦"三爱三节"和传统节日打造"雨僧讲堂""含弘讲堂""光大讲堂""学行讲堂"四大讲堂文化品牌;组织开展"国学季风"主题教育活动,包括"一读、一讲、一演、一赛、一秀"的"五个一"重点活动和常规活动,传统文化传承教育与校园文化建设紧密结合;组织专家编辑出版了《读点经典》系列丛书、《诸子百家箴言选》等供学生选读。另一方面,以媒体传播为亮点,建立传统文化专题网站,开办《大学手机报》《大学学子手机报》,"大学"移动客户端和官方微博、微信等网络新媒体;开展"心系传统,血脉相连"微博原创、"家乡传统文化以小见大"微视频、"毕业季——我为文化代言"微讨论、家乡传统文化寻访展示等文化活动,"两会代表面对面"微访谈等文化活动,实现学生自我教育、自我实现,确保传统文化教育实效性。

自 2014 年以来,相关部门就出台了关于开展"礼敬中华优秀传统文化"系列活动的通知,在全国高校联合启动了三届"礼敬中华优秀传统文化"系列活动,以"文化根·民族魂·中国梦""阅读传统经典·品味书香生活""爱国情·强国志·报国行"三大主题为核心,活动依托各大网络平台、电视台等相关媒体进行成果展示和宣传报道,在此基础上,推广众多全国高校"礼敬中华优秀传统文化"示范项目和优秀活动特色展示项目。

由此,自觉制造文化产品,做好校际交流与品牌推广,已经成为高校自觉传承优秀传统文化的必然举措,也是丰富校园文化建设内容、增强校园文化影响力的重要方法。自觉制造文化产品、做好校际交流与品牌推广,一方面要立足于本地本校特色资源与教学能力,结合学生需求,通过资源深挖与主动联动,充实或提升校园文化品质。自主文化产品和品牌的打造是一个长时段的摸索与奉献过程,既要满足于青年大学生的认知水平,又要体现教学的深度与整体性;既要整合文化资源,又要有人力资源和学校的支持保障。另一方面,不断打造适应时代需要的中华优秀传统文化网络教育平台和宣传平台,主动占据互联网这一重要教育阵地,充分利用微信、微博、校园网络论坛、校园 App 等通信工具与学生交流对话,展示学生作品与活动成果,特别要在内容和形式的开发上,吸引青年大学生主动浏览,主动传播。"做好高校思想政治工作,要因事而化、因时而进、因势而新","要运用新媒体、新技术使工作活起来,推动思想政治工作传统优势同信息技术高度融合,增强时代感和吸引力。"在校园文化建设品牌的打造中,综合运用新媒体,不仅是吸引青年学生的关键手段,也是高校思想政治工作主动与社会趋势相衔接、积极走在舆论与传播前线的表现。闭门造车不如集思广益,通过自我推广与介绍吸引更多的高校参与、使用和评价,不仅能够推动品牌项目更好发展,还能够在全社会营造优秀文化融入校园文化建设的良好氛围。

(三)提升校园文化空间意识,激活青年大学生的反哺作用

校园是师生学习生活的场所,它能够立体地呈现学校的历史与发展、地区的特色与气质、社会的动态与焦点。提升校园文化建设的空间意识,推动校园空间的内涵式发展,就是将可视的物质文化与可感的精神文化充分利用起来,既能够使之成为传统文化的教育渠道,也要塑造成优秀文化教育成果的展示平台。

良好的校园物质文化一般是通过校园环境、文化设施和特色标志等实景来体现的。校园实景是窥探一所高校文化氛围的突破口,包括建筑的颜色、构造与空间格局,园林规划与休闲场所设计,雕塑设计与景观造型,宣传栏内容、密度与布局等等。优秀文化传统与校园文化的融合,要充分开发、精心设计符合教育教学目标的实景。例如,很多高校在建筑与园林设计上非常重视命名,诸如明德楼、至善楼、知行楼,梅、兰、竹、菊宿舍区,新民路、日新路,思源亭、坐忘亭等,有高校在园林设计上使用传统文化中的楹联设计,更增加了校园文化的人文气息,还有学校充分利用图书馆与休闲场馆设计文化长廊,展示历代文化名人、学科奠基人与优秀校友等。

良好的校园精神文化一般表现在校风、学风、人际关系,特别是精神风貌上。以优秀文化传统融入和促进校园文化建设,至关重要的目标就是将优秀文化传统融入青年大学生的头脑中,引导他们体悟、感知中华民族在历史中形成的核心理念与道德规范,并将其持之以恒地运用到日常生活中来。青年大学生是优秀文化传统促进校园文化建设的关键主体,他们在现有的传统文化教育环境下不仅可以审视自己的价值，而且还能够形成更高的符合实际的人生目标，这种最终展现出来的自我实现，能够有效地反哺校园文化建设。

(四)建设系统工程，将传统文化融入校园文化建设各环节

校园文化建设是个系统工程，包含各个环节，其中，课堂是大学校园文化建设的主阵地。主阵地的教育环节，一方面要将专业教育与传统文化教育结合起来，充分挖掘专业课中积极的人文因素，加强教师人文素养的训练，打造文化教育特色讲堂，联合校内外师资力量，为学生开设课堂教育和讲堂教育直观的教育阵地。另一方面，积极开设第二课堂活动，既给大学生提供展现才华的舞台，营造浓厚的校园人文氛围，又把丰富多彩的学生活动和传统文化结合起来，让学生在潜移默化中陶冶情操，提升品位，启迪思想。

某师范学院以全体在校生为参与对象，依托中华经典《弟子规》的诵读活动，一方面发挥课堂教学主渠道作用，通过思想政治理论课教学、专题讲座、班会等课堂活动深入解析、探讨《弟子规》经典要义；另一方面，积极开展丰富多彩、主题突出的践行活动，检验并深化学习效果，相辅相成，相互促进。该学院"践行《弟子规》，力做文明人"的活动包含四个层次：第一，内化于心。在《弟子规》"内化于心"的学习中，我们不是简单地依托于课堂讲解，而是更多地利用课余时间，以主题班会、读书会、辩论赛等形式展开《弟子规》精神的大学习和大讨论。使《弟子规》思想渗透进大学生的灵魂深处。第二，外化于行。在"内化于心"领悟《弟子规》思想的同时，也进行着"外化于行"的宣传活动。"外化于行"的"行"不是"形式"的"形"，是"一言一行"的"行"，用自己的一言一行去感染他人，是《弟子规》宣传活动的宗旨。在"内知"和"外行"的"知行"关系上，我们奉行古代哲学中"只有把'知'和'行'统一起来，才能称得上'善'"的"知行合一"的理论，以此形成道德文化的规范力量，来达到"文化规范"的社会效果。第三，固化于制。践行《弟子规》活动的价值不在于一时一事，而在于常态化的历史浸染和熏陶。为了促使《弟子规》活动的可持续发展，我们应统一地规划和部署文化活动让文化活动都能薪火传承，以制度来巩固活动效果。第四，感化于人。《弟子规》倡导"仁爱"思想，"泛爱众，而亲人"，践行《弟子规》的所有活动一定要谨怀一颗"仁爱"之心，用"仁"去感悟他人，用"爱"去感动他人，用自身的行动感召他人，在校园中形成一种良性、动态的道德文明风尚。这四个层次充分体现了高校是如何通过建设系统工程的形式，将优秀的传统文化教育融入校园文化建设的各个环节的。

(五)加强制度设计,将传统文化融入校园文化常态化

传统文化融入校园文化不能浮于形式、流于观念,而是要重导向、重机制、重长效,这就需要以完善的制度体系来确保。从国家层面上讲,政府在政策导向上,要大力宣扬优秀传统文化的重要地位,对能够切实发掘和弘扬优秀传统文化的高校和个人给予精神鼓励和物质鼓励,引导和带动其他人。要建立和规范相关礼仪制度,完善学生行为准则,依法依规发掘和弘扬优秀传统文化蕴含的"正能量"。从高校层面讲,一方面设立相关的活动领导小组,从组织领导上给予支持,另一方面制定相应的规章制度,特别是对于一些优秀的活动,要做成品牌,形成惯例,构建长效机制。发掘和弘扬优秀传统文化不是权宜之计,而是我国思想道德领域建设的重要内容,也是培育和践行社会主义核心价值观的重要内容,因此必须常抓不懈,长期坚持。只有把制度运行贯穿于优秀传统文化融入校园文化的过程中,设置相关机构,明确制度规范,构建长效机制,才能真正做到有章可循、有法可依、有司可管,发掘和弘扬优秀传统文化才能真正落到实处。

比如,某师范大学经过积极的探索,基本形成了经典诵读、文化体验、课程学习、公益服务四大内容模块,并依托课程、文化、活动、大众传媒四大载体,使中华优秀传统文化教育和社会主义核心价值观培育从新生进入大学的第一个晚上开始,贯穿大学四年始终;在教育学习过程中坚持军训和文训相结合、显性教育和隐形教育相结合、老师指导和学生主动承担相结合、价值观培育和学风建设相结合,形成了"项目运营社会化、文化体验日常化、公益服务常态化、育人方式隐性化"的长效机制。

第七章

新媒体环境下高职院校校园文化活动与校园文化建设

　　校园文化具有育人功能。校园文化活动作为校园文化的构成要素,既是校园文化建设本身的主要内容,也是开展大学生思想政治教育的重要载体和关键途径。"要大力加强大学生文化素质教育,开展丰富多彩、积极向上的学术、科技、体育、艺术和娱乐活动,把德育与智育、体育、美育有机结合起来,寓教育于文化活动之中。"要更加注重以文化人以文育人,广泛开展文明校园创建,开展形式多样、健康向上、格调高雅的校园文化活动,广泛开展各类社会实践。因此,优秀的校园文化活动对高校校园文化建设、对大学生的成长发展具有十分重要意义。

第一节　高职院校校园文化活动的特征与功能

　　高校校园文化活动是以马克思主义为指导思想,通过一定的组织形式,运用一定的文化载体,由广大师生参与的体现社会主义先进文化、体现时代精神和大学特色的文化活动,可以理解为大学校园中承载精神、文化的所有校园活动的总称。校园文化活动区别于一般文化活动,在于大学校园活动中的组织者、参与者、活动形式、文化形态等都具有十分鲜明的特征,是大学精神的外在表征。设计好、组织好、开展好校园文化活动,有利于塑造大学生的精神气质和行为品格,有利于形成一定的文化环境和文化观念,有利于引领文明和谐的社会风气。

一、校园文化活动的类型

　　高校校园文化活动形式多样,从内容上大致可以分为以下几类:

(一)思想教育类

在大学校园中培养青年马克思主义者,积极宣传国家大政方针、政策,使青年大学生的思想和行动统一到党和国家的要求上来。思想教育类的活动多采用主题征文、主题党日团日活动、宣讲报告会、主题讲座、演讲比赛、知识竞赛、民族团结教育系列活动、读书月、实地参观等形式开展。

(二)文化宣传类

在校园中培育和弘扬社会主义核心价值观,弘扬中华优秀传统文化、革命文化和社会主义先进文化,引导大学生崇德修身。宣传活动的载体丰富,包括校园内各种宣传栏、校园书刊、校园媒体等。宣传栏、校园书刊可以看作校园环境文化的一部分,而微博、微信公众号等新媒体平台则具有信息量大、传播速度快、声像并茂等特点,受到师生的喜爱。民族特色文化也常成为重要的活动内容,比如文化艺术节、民族饮食文化节等等。

(三)专业实践类

主要为衔接第一课堂专业教育的课外实践活动,营造求学求真、人心向学的氛围。主要的活动方式有:学习经验交流会、主题沙龙、读书研讨会、专业竞赛等。例如测量技能大赛、模拟法庭、医学生实验技能大赛等。

(四)文体娱乐类

主要通过文艺、体育的活动方式,培养青年大学生的审美情趣和健康体格,提供展现才华、相互交流的平台。比如校园音乐、舞蹈、戏剧活动,校园书画、工艺、收藏活动,校园棋牌、游戏和野营活动以及校园健身、健美活动等。高尚、优雅、健康、有度的文体活动不仅可以陶冶学生的心灵、丰富学生的情感,还可以提升生活的品质,促进学生的全面发展。

(五)科技创新类

主要包括智力或科技竞赛、发明制作等,如大学生科技节、"挑战杯"系列竞赛、数学建模大赛、ACM程序设计大赛等。

(六)志愿服务类

通过志愿服务和公益参与,培养青年学生家国情怀,引导其对国家、社会和他人的责任感和服务精神。如社区服务、看望孤寡老人、帮助残疾人、到农村支教、科技支农,等等。

(七)就业创业类

帮助青年大学生应对就业和创业面临的问题,培养面对就业压力正确的应对方式,模拟就业创业可能遇到的问题,从而缓解就业压力,让青年大学生在毕业时更加自信和勇敢。如职业生涯规划大赛、就业讲座、模拟面试大赛、创业大赛等。

二、校园文化活动的特点

高校校园文化活动的发展过程,既是其内涵不断丰富、充实的过程,也是其对社会文化产生深刻影响的过程。在这个发展过程中,高校师生围绕培养目标,以社会先进文化为主导,利用物质资源、精神财富共同开展寓教育、娱乐、审美于一体的各种活动,其文化内涵和精神气质在长期的积淀中与校风、校园精神相融合,形成独特的高校文化品质和校园文化活动特点。

(一)高层次

大学生校园文化活动定位高雅,这是由大学教育主体的高层次和人才培养的高目标决定的。高校坚持社会主义办学方向,以党的教育方针为指导,努力培养德才兼备的中国特色社会主义事业的合格建设者和可靠接班人。这一高目标,要求高校要综合运用课堂教学和文化熏陶的方式,使大学生在校园中增知识、修品德、长才干。同时,高层次的教育者在指导和参与校园文化活动的过程,也是其以自身的道德和行为潜移默化地影响学生的过程。

(二)时代性

校园文化活动具有鲜明的时代性,往往与社会的政治、经济、文化以及教育等多方面都息息相关;同时校园文化受社会主流文化的影响,校园文化活动也与社区文化活动、家庭文化活动等相互作用。

(三)多样化

校园文化活动在突出主题特色、弘扬主旋律的同时,还具有多样化的特点。使得校园文化活动更加生动形象、深入人心。多样化体现在活动类型的多样、活动内容的多样、活动形式的多样,体现了青年学生的蓬勃朝气和创新精神。

(四)教育性

立德树人是教育的根本任务,人才培养是高校的中心工作。校园文化活动蕴含着思想政治教育的功能,以育人为己任,必然具有教育性。校园文化活动作为第二课堂的重要内容,总是要采用学生喜闻乐见的方式,在丰富校园文化活动的内涵和精神品质的同时,增加了思想政治教育的易受性。

(五)传承性

校园文化在建设和发展过程中始终坚持在继承的基础上创新,包括校园的传统、校风、校纪以及校训等等都得到了良好延续。不同的高校由于自身的特色的不同,也表现出了鲜明的地域特点。这些校园文化的特质也决定了校园文化活动具有一定的传承性,使得校园文化活动品牌的培育成为可能。

校园文化活动的特点使得校园文化活动具有了独特的生命力和感召力,成为广大青年大学生施展才华、展示青春风采的广阔舞台。在校园文化活动中,大学生熏陶人格、陶冶情操、启迪智慧,促进自身的全面发展。

三、校园文化活动的功能

文化是教育的主要内容,是高校开展思想政治教育的重要根基。优良的校园文化活动对于高校师生的成长有着重要的教育、导向以及熏陶作用,具有将先进文化辐射至全社会等多重功能。

(一)导向功能

校园文化活动导向功能,是指校园文化活动对校园主体的价值取向和行为取向所起的引导作用,使之符合学校所确立的素质教育的培养目标。校园文化活动中的人文文化的不断沉淀,大学生的道德感和社会责任感自然将得到增强,爱国主义、集体主义、社会主义精神就能逐步树立。正是由于校园文化活动强大的导向力和感染力,才使学生的知识、能力和素质得到不断地充实和完善,使他们的视野、思路更加开阔,知识面更加宽广,灵魂更加趋于高尚,成为和谐发展的人。

(二)约束功能

校园文化活动的约束功能是指建设一种健康的校园文化活动氛围,通过借助校园各种规章制度、校园媒体和舆论的力量,约束一些错误的观念或行为,以实现对校园文化活动主体的思想观念、思维方式、行为方式以及价值取向的塑造。高校是培养人才的摇篮,也是各种理论认识、社会思潮以及文化思想相互交融和碰撞的平台。如果校园内一些不良的风气不及时加以制止,就可能导致师生的价值观等发生混乱。

(三)熏陶功能

校园文化活动的熏陶功能,是指校园文化建设过程中形成的价值体系和思想观念,以及校园文化活动过程中体现的科学精神和精神风貌,使学生受到有效的思维和行为的锻炼与熏陶。良好的校园文化活动有助于培养学生健全的人格和独立的个性,促进学生的身心向着健康的方向发展。同时,高校校园文化活动中充满了艺术魅力,别具一格的活动形式,提高他们的审美情趣,调试其心理状态,有助于培养大学生健康的审美观念与价值观。

(四)凝聚功能

校园文化活动的凝聚功能是文化本身属性,使教育主体和活动参与者形成一种向心力和归属感和认同感,将高校视为是自己的精神家园,将自身的发展与高校、与文化的整体发展联系起来。校园文化有着较强的稳定性,在一定的阶段内其影响也较为稳定,使高校成员的行为、思想以及意识得到有效的规范与维系。校园文化充分地体现了时代精神与传统文化的交融,其本身强大的凝聚功能促使一所高校形成了具有支撑力的灵魂与思想动力。

(五)激励功能

校园文化活动的激励功能是指能够让广大青年学生发自内心地产生一种朝气蓬勃、奋发进取的精神效用,激发教师、学生和职工的驱策力与使命感,从而在校园内形成开拓进取的优秀风尚,形成促进成员相互进步的激励机制与环境。文化对于人的激励作用并不是一种短期心理影响,通过校园精神的调节,使高校成员的思维更加趋于合理,使广大师生都能够积极向上,并向着共同的目标而努力,对于高校思想政治工作来说,校园文化活动的激励功能则能够更好地为思想政治教育而服务。

四、校园文化活动的意义

大学生校园文化活动的开展,不仅有助于推动高校校园文化建设的和谐发展,同时在加强思想教育、弘扬民族文化、凝聚校园精神、建设和谐校园方面都有着重要作用。

(一)加强思想引领

大学生校园文化活动的重要意义之一在于有助于加强大学生思想教育,引导大学生自觉践行社会主义核心价值观。校园文化活动注重宣传党的大政方针、政策,教育引导大学生拥护中国共产党的领导,坚定"四个自信";校园文化活动注重宣传中华民族灿烂文明,有助于培养大学生爱国主义情怀;校园文化活动鼓励大学生在多元文化中明辨是非、荡涤心灵,使大学生崇尚科学,追求真理,有助于培养科学的人文精神和人文情怀;校园文化活动在高校传承人类文明真知的环境中,鼓励大学生展现开拓创新的精神面貌,有利于提升大学生的时代责任感。

（二）弘扬先进文化

大学生校园文化活动通过一定的形式和途径弘扬中华优秀传统文化、革命文化和社会主义先进文化。中华民族五千年的历史创造了灿烂的物质文明和精神文明，形成了具有独具特色的文化传统。中国特色社会主义建设过程中，也积淀下丰富的精神文化。大学生校园文化活动开展，有利于大学生站在传统与现代的视角上，站在中国与世界的视角上，树立正确的人生观、价值观、文化观，体现了大学生校园文化活动的育人作用。

（三）凝聚大学精神

开展大学生校园文化活动是凝聚大学精神的重要途径和载体。大学精神应是校园师生的共同理想和价值取向，校园文化活动是大学精神的凝聚和表现。校园文化有更丰富的内容，如物质文化、环境文化、制度文化、行为文化等，校园文化活动则将大学精神和文化具体化。大学精神作为一种深层次文化，其内涵浸透在校园各种文化活动和文化行为中，表现出深层的、持久的魅力。

第二节　高职院校校园文化活动的理念与设计

校园文化活动的建设是有目的、有计划、有组织的。通过科学合理的设计，使校园活动内容不偏离校园文化的方向，使校园文化向更加有序、更具教育意义的方向发展。

一、校园文化活动的理念

高校校园文化活动设计实施的指导思想是：要以邓小平理论和"三个代表"重要思想为指导，坚持立德树人，坚持以文化人、以文育人，坚持社会主义先进文化的发展方向，遵循文化发展规律，借鉴吸收人类文明有益成果，以实施科学文化素质教育为基础，以建设优良的校风、教风、学风为核心，以优化校园文化环境为重点，以树立正确的世界观、人生观、价值观为导向，弘扬主旋律，突出高品位，努力建设体现社会主义特点、时代特征和学校特色的校园文化，不断满足大学生日益增长的精神文化需求，为培养社会主义合格建设者和可靠接班人提供强大的精神动力。

（一）校园文化活动要引导学生勤学求真

知识是树立社会主义核心价值观的重要基础，大学是学习知识的黄金时段。学习本身就是一个不断积累的过程,需要长时间地勤学苦练。校园文化活动应该多渠道、多形式营造"求真务实"的良好氛围,教育引导广大青年学生下苦功夫,求真学问,使学习知识与树立正确的价值观相辅相成、相得益彰。

(二)校园文化活动要引导学生崇德修身

"功崇惟志,业广惟勤。"立德树人是教育的根本任务,也是高校校园文化建设的核心目标。校园文化活动应该教育引导学生学会劳动、勤俭,学会感恩、助人,学会谦让、宽容,学会自省、自律。在活动中融入爱国主义教育、革命传统教育、党史校史教育,加强思想引领和文化熏陶;融入道德励志实践、诚信教育,弘扬社会主义荣辱观;融入中华优秀传统文化教育,融入讲仁爱、重民本、守诚信、崇正义、尚和合、求大同的时代价值。

(三)校园文化活动要引导学生明辨是非

校园文化是社会主义精神文明的重要内容,是对学生进行思想政治教育的有效手段,更是培养优秀人才的重要载体。优秀人才应具有坚定的政治立场和明辨是非的能力,是非明、方向清、路子正,付出的劳动才会结出成果。社会主义核心价值观的内容和要求为广大师生判断行为得失、做出道德选择、确定价值取向,提供了基本价值准则和行为规范,是当前大学校园文化建设的时代要求和标准。我们要把社会主义核心价值观的内容和要求纳入到校园文化活动中,使其和"三个倡导"的要求成为广大师生日常校园生活的基本规范,成为高校师生的共同行为准则和评判标准。

(四)校园文化活动要引导学生培育笃实品格

高校在培育校园文化、开展校园文化活动的过程中,应该始终坚持学生在实践过程中的"知"与"行"的统一,培养学生"扎扎实实干事,踏踏实实做人"的优良品格。在活动实践中不断深化对社会主义核心价值观的理解和认识,持续营造弘扬社会主义核心价值观的浓厚氛围,逐渐形成社会主义核心价值观教育的长效机制。

二、校园文化活动的设计原则

校园文化活动的设计决定着校园文化活动的方向和进程,应当遵循以下原则:

(一)目标取向原则

目标取向是指大学生开展校园文化活动所要实现的目标和价值追求。设计校园文化活动,需要明确为什么开展、希望达到什么样的目标、取得什么样的收获,从而确立目标取向。这是大学生开展校园文化活动的前提。校园文化活动是学生从"自然人"向"社会人"转轨的助动力,是精神文化的大舞台,具备提高大学生创新意识、创新能力,以及培养创新人格的优势。因此,高校应坚持校园文化活动的价值导向,大学生也应充分明确组织和参与校园文化活动的目标。

(二)需求取向原则

需求取向原则主要是指设计活动时要充分考虑活动主体,即大学生的发展需求,从而尽可能地使校园文化活动得到活动主体的"认同"。在校园文化活动过程中,要依据活动主体需求,帮助大学生解决好他们关心的问题,使参与者体会到活动的切身利益和重要价值,实现校园文化活动效益的最大化。

(三)团队合作原则

校园文化活动绝大多数时候表现为集体或团队活动,以此培养大学生的集体主义观念,增强大学生的集体荣誉感,提高大学生的团队合作意识和团队协作能力。要注重鼓励大学生在参与到校园文化活动中锻炼合作意识,培养大局观念和集体主义观念。

(四)安全可靠原则

是指校园文化活动过程中,要将参与者的安全摆在重要位置,确保校园文化活动的有序进行。要对不可抗力等因素或意外事件认真分析研判,提前制定应对突发事件的预案,避免人身伤害和财产损失情况的发生。因此,高校在组织校园文化活动,特别是群体性活动时,要将"安全第一"的观念贯穿始终,建立健全校园文化活动的安全保障机制。

(五)可持续发展原则

可持续发展原则是指校园文化活动应当具有长期性、发展性和创造性,能够形成文化积淀和文化传承,形成校园文化活动的品牌。可持续发展应把握好以下几个方面:一是精心选题,要根据教育要求,依据大学生的需求,科学设计校园文化活动;二是认真策划,从可持续发展的角度,对活动的组织实施做好规划;三是分步实施,本着先易后难、先急后缓原则,有步骤、分阶段地实施项目;四是推陈出新,坚持与时俱进的工作思路,及时总结校园文化活动的成功经验,宣传推广校园文化活动的先进典型,始终校园文化活动的生机与活力。

三、校园文化活动的设计实操

校园文化活动的设计流程包括：明确活动目标、分析活动环境、选择活动方式、搭建项目团队、动员活动资源、制定风险预案等。

（一）明确校园文化活动的目标

从管理学的角度看，组织或团队的目标具有独特的属性，因而在确立项目目标时，必须把握好活动目标的属性。活动实施的过程实际上是一个追求活动目标实现的过程。活动目标的表达可以分为三个层面：一是战略目标，就是校园文化活动建设的使命和意义；二是策略目标，是组织期望完成活动后所实现的"效益"；三是具体的活动目标，说明活动应该达到什么样的成果，比如成本目标、进度目标和质量目标等。

（二）认识校园文化活动的环境

活动设计的开始，都应该对所处的客观环境有一个正确的认识，这也是对活动成功的客观因素进行了解和分析的必要过程。同时，随着社会进步和高校发展，大学生的需求日益呈现多样化和个性化特点。活动设计者要准确把握活动对象的需求，要增强与活动对象的沟通，也需要全面了解活动对象所处的环境。

（三）选择校园文化活动的方式

校园文化活动的形式要符合活动目标、活动环境以及活动参与者的需求，采取"自上而下"或"自下而上"的组织形式，选择报告会、讲座、沙龙、知识竞赛、艺术展览、文艺会演、网络话题讨论等等不同的形式来开展。

（四）组建校园文化活动的项目团队

校园文化活动一般依托于学校、院系的党团组织、学生社团、学生会、班级等学生组织来实施。如果将一次校园文化活动看作"项目"，那么创建项目团队是保障活动开展的人力资源的重要一环。遴选和组建团队应遵循一些基本原则：一是成员应具备组织相关活动所必需的政治素质、基本知识和技能；二是成员都应具备主人翁的精神和合作态度；三是要选择合适且管理能力较强者作为活动负责人；四是要重视组织队伍的建设；五是要充分沟通并选择简捷有效的沟通模式；六是要明确责任，建立合作型的项目团队。

（五）寻求校园文化活动所需的资源

资源既包括活动开展所必需的财力、物力、人力以及政策，涵盖了活动组织团队运作所必需的各方面的条件。许多活动之所以无法正常进行或达成目标，很大一个问题就是在资源方面没有得到足够的支撑。因而,在活动设计阶段要充分注意寻求可得资源,量体裁衣、量力而行,保障活动的正常有序开展。

(六)制定校园文化活动的风险预案

制定风险预案的前提是进行风险识别,研判活动潜在风险,识别引起项目风险的主要因素,并对活动风险后果做出定性估计。活动风险识别中最重要的原则是通过分析和因素分解,把比较复杂的事物分解成一系列因素,并找出它们对于事物的影响、风险和大小。

四、优化校园文化活动的内容设计

优化校园文化活动重视校园文化活动的内涵建设。优化校园文化活动的内容要重视以下几个方面:

(一)加强文艺活动感召力

校园文艺活动蕴涵着丰富的思想政治教育实质与内容,并以一种隐性教育的方式增强教育的有效性。高校要着重挖掘学校历史文化资源,激发师生自主创作能力,打造以爱国将领、革命英雄、科学先驱、道德模范、敬业典型、志愿服务标兵等为原型的歌舞剧、话剧,将宣传教育融入节目编排、展演、宣传等环节中,深化大学生对社会主义先进文化的情感认同。积极推动校内、校外巡演,充分利用入学教育、毕业教育、重大节日、纪念日等时机,扩大文艺作品的受众面。通过加强艺术通识课程建设、支持学生艺术社团发展,有效提升学生的艺术涵养和鉴赏能力。同时,鼓励创作以弘扬社会主义核心价值观为主题的诗歌、散文、歌曲、动漫、视频、微电影、公益广告等文化作品,以文艺感召增强社会主义核心价值观的宣传教育实效。

(二)提升公益服务践行力

社会公益实践和志愿服务活动能有效促进大学生学以致用,知行合一。高校应积极推动学生参与到西部地区、农村、社区基层开展实践锻炼,常态化开展志愿服务"西部计划研究生支教团、科技、卫生、文化、下乡"等活动。积极推动校园公益行,开展关爱老教师、校园环境保护、节能减排、帮困助学等公益服务,引导学生关心身边人、身边事,在服务他人、奉献社会的过程中将社会主义核心价值观内化为价值准则、外化为实际行动。同时,创新机制体制,将学生参与公益实践和志愿服务的情况作为评奖、评优的重要参考,以成果导向促进校园公益活动蓬勃开展,促进大学生在视野、品性、能力、水平等各方面进行提升。

(三)激发学生社团创造力

积极鼓励学生社团发挥团队特色、发挥动员优势,以形式多样、内容丰富的校园活动引导学生弘扬和践行社会主义先进文化和社会主义核心价值观,如依托文学杂志社、青年科技协会、助学社、志愿者团队、文体协会等开展主题宣讲、研讨沙龙、文艺展演、文体竞赛、科技创新、志愿服务活动等,营造"人人皆是教育之人、时时皆是教育之机、处处皆是教育之地"的校园氛围。同时,学校应把握原则、搭建平台、配备资源、有效激励,通过提升学生在校园文化建设方面的参与度,促进学生自我教育、自我管理和自我服务的实现。以活动立项的形式,由学生社团承担活动子项目的策划和组织,不仅可以激发他们的主动性和创造力,也能使得活动形式更生动,活动内容更贴近广大学生。

(四)优化新媒体网络传播力

开展校园文化活动应当紧扣当代大学生,热衷参与、注重表达的行为特点,与时俱进地开发网络平台,并有效利用新媒体平台。要始终坚持以广大青年学生喜闻乐见、乐于接受的方式方法逐渐深入,增强主流价值引导的教育效果。通过网络主题教育活动、优秀典型网络宣传等线上、线下联动,进一步校园文化活动的覆盖面和影响力。

第三节 高职院校校园文化活动的组织与管理

一、校园文化活动的要素

校园文化活动的管理可以围绕活动要素展开,校园文化活动建设的要素包括:

(一)校园文化活动的主体

校园文化活动主体是校园文化活动的直接继承者、建设者以及创造者,它直接关系到校园文化活动的性质、特征和功能。活动的主体具有能动性,其素质和组成决定着校园文化活动的性质和水平。各种校园文化活动主体由于其自身条件、社会角色和所处地位的不同,组织形式、参与方式和产生影响的方式也有很大区别。

(二)校园文化活动的环境

校园文化活动的环境主要包括自然环境、人际环境和文化历史环境。自然环境指的是校园附设的各种教学、科研以及生活等机构的领地、设施。人际环境则是由校园文化活动主体之间的相互交往、相互影响而形成的,它对于人的身心发展,对于人的积极性的发挥,对于工作效率的提高,都有重要的影响,是一种动态的、错综复杂的环境。而文化历史环境是指高校历史文化传统的积淀、当前时代背景和特征,以及活动主体参与文化活动的积极性与创造性。

(三)校园文化活动的手段和途径

校园文化活动手段是指校园文化活动的技术方式,包括各种社会实践、科研竞赛以及生活等方面的材料、设备等物质资料,以及非物质的语言和情感等。校园文化活动的途径是指活动主体与其所采用的手段方法的有机结合,通常包含宣讲会、报告会、讲座、辩论赛、读书活动、社会调查、宿舍文化活动、心理测试、心理咨询等。考虑到校园文化活动主体的角色、地位以及相关任务的不同,校园文化活动途径的选择也就受到一定的限制,不同的活动主体,在不同的环境条件下只能选择与之相应的途径。

(四)校园文化活动的对象和成果

校园文化活动的对象和成果主要体现为三种文化样式。一是与知识掌握、智力发展有关的教学科研等文化活动及其成果,即智力文化。二是与校园文化活动主体思想政治与道德品质的形成有关联的教育、自我教育等活动及其成果,即价值文化。三是与形成校园文化主体个性和谐发展有关的文化活动及其成果,即个性文化。

二、校园文化活动的组织

针对高校校园文化活动的组织工作,其内容应包括"高校要精心设计和组织开展内容丰富、形式新颖、吸引力强的思想政治、学术科技、文娱体育等校园文化活动,把德育、智育、体育、美育渗透到校园文化活动中,使大学生在活动参与中受到潜移默化的影响,思想感情得到熏陶、精神生活得到充实、思想境界得到升华。"

(一)校园文化活动的组织形式

组织形式通常有:学校主导型、学生主导型和项目委托型。学校主导型的组织方式,通常由学校职能部门、二级院系、党团组织发起,学生主导型的组织方式,通常由学生社团、学生会、研究生会、班委等学生组织,以及学生自组织发起,直接面向全体学生开展活动;项目委托型近年来实际工作中常采取的方式,将学校计划开展的文化活动以项目方式委托给学生组织,将学校主导和学生主导两种方式结合起来,既发挥学校在校园文化活动中的指导作用,又发挥学生自我组织、自我教育、自我管理的功能。

(二)校园文化活动的一般组织程序

包括活动前、活动中和活动后的各个环节。如前期准备阶段,包括活动的设计策划、组建活动团队、准备活动物资、发布通知和进行宣传、宣讲活动方法和规则、挑选活动主持人、确定评判人员等等;活动进行阶段,如参与者的组织、维护现场秩序、保障人员安全、把握时间进度等;活动的总结阶段,包括新闻宣传、总结反思等。有些活动要聘请社会各方通力合作才能完成,需要提前做好学校、电台、电视台和社会各界的工作;有些活动还要注意事前排练及培训骨干,积极发挥学生骨干在校园文化活动中的组织协调作用。

(三)增强校园文化活动组织有效性的途径

1.科学合理的策划

活动策划是组织单位、组织个体对活动的认识,需要达到的目标、活动本身的意义与步骤。同样的活动用不同的策划方式,其效果截然不同。

2.工作环节要高效

校园文化活动的组织要发动到个人,参与到群体,拓展到网络,提高活动的参与度和覆盖面。管理上要细化目标管理、过程监控和结果反馈,保障校园文化活动的组织能实现预定目标。

3.对组织团队的分类指导

对于学生处、校团委等学校职能部门主导组织的校园文化活动,可以设立专门工作小组,对活动进行统筹和跟进。对于院系、社团主导组织的各种活动,学校相关职能部门需要对活动进行关注,整合校内资源,达到活动组织资源利用的最大化。对于班级、宿舍组织的小型活动,要及时在院系做好活动备案。

三、校园文化活动的管理

(一)校园文化活动的管理环节

1.整体管理

整体管理包括了解活动背景;成立活动组织团队,考虑负责人、团队规模;制定活动方案;指导活动开展,主要指启动、计划、执行和收尾的过程。

2.团队管理

团队管理涉及活动发起人、负责人、团队班子、团队其他成员。团队人员应当明确职责与分工,团队之间应通过集体会议、体验分享、文档发布等方式进行积极沟通。同时,要重视团队培训。

3.进度管理

活动进度管理是对活动的每个环节进行分解控制,关键是以活动目标为依据,合理选取时间节点,编制进度计划,进行进度控制。

4.成本管理

成本管理主要是对资金来源、财务控制的管理,包括成本预算和成本控制等环节。

5.风险管理

风险具有随机性、相对性和可变性三个特征,但风险是可控的。可以通过活动的可行性分析、执行监测、活动评估来完善活动的风险防控机制。

(二)校园文化活动的管理原则

校园文化活动是以学生为主体,以校园为依托空间,并涵盖管理、教学等多个行为主体的群体文化活动。校园文化活动的管理应遵循以下原则。

1.正确的政治方向

这是高校坚持社会主义办学方向的要求。校园文化活动要对学生进行爱国主义、社会主义、集体主义教育,增强学生的政治理论水平、政治敏锐性和辨别是非的能力和对社会主义现代化建设的信心和决心。

2.校同和谐文明

校园文化活动要对学生进行社会主义核心价值观教育,进行中华民族传统美德、社会公德、家庭道德教育,使学生树立正确的世界观、人生观、价值观,提高学生的社会主义道德修养和品质。

3.考虑受众差异

在校园文化活动过程中,要充分考虑和吸收不同民族的优秀文化传统,在尊重民族的基础上挖掘民俗传统中有利于社会和谐、时代进步、健康文明的内容,阐释其中与社会主义核心价值观相融相通之处,从而更好地引领少数民族大学生认同和践行社会主义核心价值观。

(三)建立和完善校园文化活动的保障机制

1.建立和完善校园文化活动的制度和机制

在机制设计上,应对校园文化活动的名称、类型、组织、流程等环节进行规定,明确没有按照规定执行的后果和处置方案,较为系统地管理校园文化活动。在制度建设上,完善的是经费保障和使用机制,确保校园文化活动经费到位,使用规范、有效。在活动反馈方面,加强过程评估,贯穿校园文化活动方案制定、活动实施以及活动效果全过程,可采用工作汇报、实际考察、试卷测验以及追踪考察等相结合的方式进行。

2. 重视发挥大学生社团的积极作用

大学生社团是校园文化活动的重要组织机构,积极鼓励学术性、理论性等学习型社团的建设,同时为那些兴趣特长型社团的发展指明方向,大力倡导社会公益型社团的建设。学校应尽可能给社团发展提供服务,比如提供活动场地;提供宣传阵地,包括宣传窗、网络宣传等;提供业务指导,帮助他们联系专业教师和党政管理人员,对社团发展和活动的组织提供指导。

3. 建设校园文化活动网上平台

用于宣传、推广校园文化活动,通过信息化的网络平台,在有声有色的校园网络文化活动中,进一步加强与学生之间的沟通与交流,促进高校的校园网络文化向着充满生机、文明和健康的方向发展,使网络文化在高校思想政治教育中发挥更为重要的作用。

4. 加强校园文化活动管理队伍自身建设

首先需要加强思想政治教育队伍建设,要保证思想政治教育工作队伍的战斗力和凝聚力,坚持党性原则和甘为人梯的奉献精神。充分发挥高校各级领导在思想政治教育工作中的作用,落实党委统一的校园文化活动领导机制,以保证大学生具有正确的政治方向、立场和观点、严格的政治纪律、敏锐的政治觉察力以及坚定的共产主义信念。

优质的校园文化活动是加强校园文化建设的支点和平台,提供着丰富的养料。高校应积极努力地通过校园文化活动建设,开发形成良好的校园文化环境,形成高校培育社会主义合格建设者和可靠接班人的丰厚滋养。

(四)校园文化活动实现路径

1. 体现正确的价值取向

活动的主题要坚持以马克思主义为指导,牢固树立中国特色社会主义共同理想,弘扬和培育民族精神与时代精神,树立社会主义荣辱观,突显校园文化活动的思想引导力、理想感召力、精神凝聚力和道德规范力。要充分挖掘和利用学校传统宝贵资源,符合历史传承与文化创新要求,大力营造具有时代特征和学校特色的良好校园风气,形成学校以育人为本、教师以敬业为乐、学生以成才为志的优良校风。

2. 注重科学的系统设计

活动的策划要以战略眼光科学谋划,系统设计。在积极构建全过程、全方位、全员育人的良好格局目标下,推动形成校内各部门协同参与、支持配合的育人机制,建立健全校园文化建设的常态长效机制为目标,长期培育和凝练校园文化活动中优秀品牌项目,体现示范性、推广性和可持续发展性。在政策、资金、人力上要有持续的保障和长期的投入,形成完善的保障机制。切实解决校园文化活动组织开展中遇到的实际问题和困难;同时要加强理论研究,为不断推进校园文化建设提供理论支撑。

3. 注重路径和载体的创新

要坚持与时俱进和创新精神,不断丰富校园文化活动的载体和形式,充分发挥网络等新兴媒体的积极作用,建设好融思想性、导向性、服务性于一体的综合性校园网络平台,积极开展健康向上、丰富多彩的网络文化活动。

第八章

新媒体环境下高职院校廉洁文化建设

廉政文化建设不仅是高职院校党风廉政建设的需要,也是培养社会主义合格接班人的需要。党和国家高度重视廉政文化建设,要把廉政文化融入学校文化建设总体布局,把廉洁教育纳入学校"大宣教"工作格局中。为了促进高职院校又好又快发展,为了培养更多德才兼备的优秀大学生,离不开风清气正的校园文化环境。现如今,新媒体技术正在被广泛运用在各个领域,并且新媒体技术给人们的生活方式、思维方式带来较大影响,新媒体技术在给人们带来便利的同时,对于高职院校廉政文化建设也带来了极大的挑战,面对当前的新情况、新问题,如何更好地进行廉政文化建设正在成为重要的研究课题。

第一节　高职院校廉洁文化建设面临的机遇

新媒体是相对于报纸、电视等传统媒体而言,它以互联网、数字存储和移动通信为技术支撑,以网络论坛、博客、微博、微信、数字电视为主要形态,是一种向社会公众提供信息服务的新兴媒体。新媒体的传播不受空间、地域的限制,只要有网络、有终端,就可以随时随地接收到信息。新媒体的迅速发展给高职院校廉政文化建设带来了极大的便利性。

一、新媒体功能的多样性丰富了廉政文化建设的形式与方法

传统的廉政文化内容在校内传播主要是通过宣传海报、校园广播、作报告、上党校、课堂教育等形式,难免存在相对不全面的现象,对师生的感染力不足,使得廉政文化建设效果不佳,廉政文化传播若以新媒体为载体,师生不仅可以通过移动终端接收到图文并茂的信息资源,而且还不受时间和地域的限制,大

大提升了廉政文化建设的效果。新媒体技术还有一个特点就是资费低廉,对于还没有正常收入的学生而言正合适不过。在课堂上教师没有大量时间给学生播放相关廉政影片,可以安排学生在课后通过网络点击观看,这样就形成了"线上线下"的联动教育模式。

二、新媒体的便捷性拓展了廉政文化建设的辐射范围

具相关数据显示,中国网民规模已达 7.1 亿,互联网普及率为 51.7%.手机网民占 6.56 亿。传统媒体在传播廉政文化过程中往往缺乏生动性和灵活性,一些廉政信息不能较好地与他人共享,而在新媒体环境中,师生在依托新媒体技术获取关于廉政文化图片、视频、音频等好人好事、典型案例之后,可以将其保存并点赞转发微信朋友圈。由于新媒体的便捷性以及使用的广泛性,这些廉政知识在转发的过程中循环往复,大大提升了廉政文化信息的传播力度,提升了廉政文化的覆盖范围,改变了过去信息传播的滞后性。

三、新媒体的交互性提升了廉政文化建设的实效性

传统的廉政文化传播大多以单向度进行,将大量廉政知识以及典型案例灌输给受教育者,这种单向度的信息传播方式不利于廉政文化的建设。由于新媒体可以让信息接收者在网络媒体上与信息发布者进行互动交流,通过评论可以与其他人进行互动,而且信息发布者也可以通过教育平台与大家进行广泛交流,把握舆论导向。人们所发表的个人观点在得到对方关注并评论交流后,更加愿意在平台上进行平等交流.进而激发了大家学习廉政文化知识的热情。新媒体的这种信息开放性有利于弘扬反腐倡廉主旋律,传播正能量。在反腐倡廉新常态下可以有效建立风清气正的廉政教育环境,提升廉政文化建设的实效性。

第二节　高职院校廉洁文化建设面临的挑战

一、高职院校廉洁教育存在的主要问题

(一)内容不合理

高职学生的廉洁教育要从当前高职学生的实际情况入手,针对高职学生的思想状况、心理特点和行为特征,系统地安排廉洁教育内容。但高职院校在实

际工作过程中,往往忽视了对廉洁教育内容的系统化、合理化安排。首先,廉洁教育内容趋于抽象,理论与实际脱节。课堂上对高职学生进行廉洁教育时,教师往往是重复讲授一些脱离实际生活的理论和政策,举的案例远离高职学生的日常学习生活就业,有时让高职学生难以理解,很难引起共鸣。其次,廉洁教育内容千篇一律,重点不突出。高职学生的廉洁教育应注重养成学生廉洁修身的个人品质和廉洁从业的职业素养,在内容上应有侧重点,而不等同于一般的廉洁教育。当前的廉洁教育往往泛泛而谈,对高职学生进行不加重点的笼统讲解,容易让高职学生理不清思路,达不到应有的效果。最后,廉洁教育的内容层次性阶段性安排不当。当前的高职学生廉洁教育丝毫没有考虑到高职学生文化思想水平的特殊性,忽视了他们的认知思维习惯特点。

(二)方式陈旧单一

当前高职学生廉洁教育实效性不强的主要原因之一是教育的方式陈旧单一。从调查问卷结果来看,高职学生认为学校廉洁教育存在最大问题的就是"教育方式"。首先,在教育方式上,高职院校仍以讲授和灌输为主。通过对思想政治课和形势政策课教师的访谈可以发现,他们在课堂上通常是通过讲授的方式,学生很少参与到关于廉洁与腐败的讨论中来,师生缺乏互动。其次,在教育载体上,高职院校仍以课堂和讲座为主。思想政治理论课和形势政策课是当前高职院校廉洁教育的主要渠道。各类选修课和党课团课以及讲座有时也会涉及廉洁教育的内容。除此之外,关于廉洁的主题教育几乎很少以其他形式出现。在宣传方面,高职院校也往往只是利用传统媒体如报纸、广播来进行廉洁教育,对于手机、网络等新媒体的运用并未引起足够重视。最后,在教育形式上,高职院校仍以传统的活动形式为主。高职院校也组织开展了一些廉洁文化进校园的主题活动,但这些主题活动多为传统形式,活动流程也是走马观花,点到即止。这样的活动对学生毫无吸引力,学生只是为了完成任务获得学分才参加活动,参加完活动一无所获,廉洁教育也就流于形式了。

(三)实效性不强

高职学生廉洁教育实效性不强主要体现为高职学生对廉洁教育的认同感较低以及高职学生的廉洁意识与行为仍存在一定的偏差。在调查和访谈中发现,高职学生中仍有相当一部分人在对廉洁教育的认识上模糊不清,有13.04%的学生觉得廉洁教育对于高职学生来说没有必要,更有10%的学生对廉洁教育持无所谓的态度。部分同学认为学校的廉洁教育只是走走形式,他们并不能真正从中收获到什么,只是在学校的要求之下被动参与。部分高职学生的廉洁意识与行为也并未达成一致。高职学生大都认同他人的不廉洁行为是应该抵制的,但若涉及自身利益时,其意识与行为也并不理想。面对他人的不廉洁行为,大部分高职学生也是事不关己,高高挂起,缺乏斗争精神。在廉洁问题上的知行不统一说明当前的廉洁教育缺乏实效性,廉洁自律的观念尚未深入高职学生的内心,导致他们在实际生活中无法将廉洁意识主动自觉地转化为廉洁行为。

(四)缺乏可持续性

廉洁教育活动的主题也不明确,仅仅使用简单的廉洁教育大标题,缺乏每一阶段的具体主题。高职学生只有在参加这些活动时会关注廉洁教育,但即使参加了相关活动,大部分学生对廉洁还是知之甚少。这表明多数高职院校并没有将廉洁教育当成一项长期工程,对学生的廉洁教育缺乏完整长期的规划,从而导致高职学生廉洁教育缺乏可持续性。缺乏可持续性的廉洁教育,无法在高职学生心中留下持久的印象,甚至会让高职学生形成一种条件反射,仅仅为了完成任务而有目的地参加廉洁教育。

二、高职学生廉洁教育存在问题的归因分析

(一)对高职学生廉洁教育重视程度不高

1.高职院校长期以来对德育工作的重视程度不高

高职院校的办学理念是以能力为本位培养第一线的生产技术人员、高级服务人员和基层经营管理人员。一部分高职院校的领导、教师片面地认为既然培养的是高技术人才,那么毕业生只要拥有过硬的专业技能知识和动手能力就足够了。在教育教学管理中他们只注重学生的专业知识和技能训练,轻视德育教育和人文素质教育。在对学生的评价体系中,高职院校也主要是从专业知识和技能的角度来衡量学生,往往忽视了对学生道德的评价。高职学生在廉洁意识和行为方面所表现出的问题在根本上体现了他们道德修养上长期以来存在的问题。

2.高职院校领导未能转变传统廉政教育的思维,尚未将学生列入廉洁教育的对象范畴

这种思想上的不重视,反映出高职院校领导者对反腐败斗争的片面认识。学生廉洁教育仅仅被作为高职院校党风廉政建设工作的一部分,没有单独形成

完整的教育体系。高职学生廉洁教育的领导体制和工作机制尚未健全,也没有投入相应的人力、物力、财力来确保廉洁教育的开展。

(二)对高职学生廉洁教育的特殊性认识不清

1.对高职学生群体的特殊性认识不清

当前的高职学生以 90 后群体为主,思维更活跃,个性更张扬。他们多为独生子女,从小被父母溺爱,还没有达成良好的行为习惯,遇事爱走捷径,对利益的诱惑抵抗性不强。虽然高职学生的主体对腐败深恶痛绝,但涉及个人利益时他们无法明辨是非,往往对不良风气无法明辨是非。由于高职学生的特殊性,高职院校对他们进行的廉洁教育必须有别于本科大学生的廉洁教育,才能做到因材施教,达到教育效果。

2.对高职学生廉洁教育的特殊性认识不清

相较于本科大学生廉洁教育,高职学生廉洁教育的特殊性表现为针对性、职业性和渗透性。部分高职院校没有充分研究廉洁教育的层次性,对各个年级、所有专业的学生开展同样内容的廉洁教育,一概而论。同时,高职院校在开展廉洁教育时也未注重其职业性,即应突出培养学生的廉洁从业意识和职业道德素质。

(三)廉洁教育机制尚不健全

当前高职院校尚未建立健全组织保障机制、工作管理机制、监督评价机制等制度化长效机制,导致高职学生廉洁教育不能有效开展。首先,有的高职院校虽然初步形成了廉洁教育的工作框架,但没有明确将廉洁教育纳入高职院校教育教学管理工作之中,没有建立具体的领导机构和规章制度来保障廉洁教育的开展。其次,高职院校的大多数职能部门和教职工简单地认为廉洁教育只是高职院校纪委监察部门的职责,他们只是被动地参与高职学生廉洁教育,工作积极性低。各个职能部门之间分工不明、权责不清,廉洁教育中许多需要跨部门解决的工作任务无法得到协调,严重阻碍了廉洁教育开展的流畅性。最后,高职院校对廉洁教育的工作过程与效果缺乏实时的监督评价管理。没有监督与评价就无法保证高职学生廉洁教育目标的实现。高职院校尚未对高职学生廉洁教育的开展情况进行督促检查,也缺乏相应的奖惩措施,对廉洁教育的效果没有及时评估。

(四)教育者自身素质有待提高

高职学生廉洁教育的教育者自身素质的问题体现为教育者自身存在不廉

洁行为以及教育者对廉洁教育认识不当。首先,在高职院校的管理者、教师、行政人员中自我的廉洁意识较低,这很大程度上对高职学生的廉洁教育产生了负面影响。高职院校的管理者自身是否廉洁从根本上决定着全校师生参与廉洁教育活动的热情。教师、行政人员能否保持廉洁形象直接决定着学生廉洁教育的质量和效果。教育者自身若不能保持高尚的人格魅力,就失去了对学生进行廉洁教育的内在基础和人格条件。长此下去,学生会对廉洁教育失去信心,会增添对现实的无奈和对廉洁教育的质疑。其次,有些高职院校的教师自身对廉洁教育的重要性认识不足,认为廉洁教育是专业教育的附属品,高职学生只要学好专业足以走天下,因此很少对学生开展廉洁教育或是走形式地将廉洁教育灌输给学生。教育者的消极教育态度极大地影响着高职学生廉洁教育的实效性。

(五)高职学生廉洁教育的合力尚未形成

1. 社会的整体支持不足

现阶段社会、家庭、学校对高职学生的廉洁教育认识还未达成一致,教育合力尚未形成。社会对高职院校的腐败案件、高职学生的诚信缺失等现象未引起应有的重视,家庭对高职学生的廉洁品质的培养未给予足够的关心,各行各业对员工的廉洁从业意识未进行有力的渲染,社会教育组织资源如社会团体等未搭建高职学生廉洁教育的活动平台,等等。全社会尚未形成廉洁教育的互动机制与网络,致使高职学生的学校教育与家庭教育、社会教育脱节,廉洁教育缺乏有力的后续教育的支持,难以巩固廉洁教育的成果。

2. 高职院校内部的协同合作欠缺

目前高职院校开展学生廉洁教育的主要机构是纪委监察办公室。高职学生廉洁教育的领导组织机制还未有效运行起来,廉洁教育目标还未纳入高职院校教育教学管理整体目标之中。学校各职能部门只是在具体开展某次活动时临时搭建队伍,还未形成分工明确、相互配合、协调推进的廉洁教育的长效机制。高职院校的行政人员、教职员工参与学生廉洁教育的积极性不高,主动性不强,往往是为了完成教学或行政任务。缺少了高职院校内部的协同合作,高职学生廉洁教育尚未形成完善的教育机制,无法真正起到应有的作用。

第三节　高职院校廉洁文化建设对策

廉洁教育是一项长期工程,不仅仅是举办几次廉洁教育活动而已。它应该注重廉洁氛围的形成,从而使廉洁意识在高职学生头脑中根深蒂固。观察学习理论强调了学生的注意过程中的保持过程。学生在廉洁教育的注意过程中需要不断强化从外部得到的信息,才能将这些信息最终为自己所用。如果廉洁教育时断时续,高职学生就无法集中注意力,有可能前功尽弃。高职院校应开展常态化的廉洁教育,将廉洁教育作为学生思想政治教育的重要组成部分,始终让高职学生处于廉洁教育的良好氛围中。廉洁教育想要长久地延续下去,必须有一个科学合理的长期规划,在时间上、内容上、形式上都要有延续性。高职院校应制定廉洁教育的长期发展规划,在"廉荣贪耻"的大主题下为每个阶段设置不同的小主题,让不同年龄、不同层次的高职学生在不同阶段参加适合自己的廉洁教育主题活动,如新生的"廉学"规范主题,毕业生的"诚信就业"主题等,层层递进,不断深入。循序渐进的主题教育中,逐步深化高职学生对廉洁教育的理解,巩固廉洁教育的成果,最终实现高职学生的全面发展。

一、建立健全高职院校廉洁教育机制

高职学生廉洁教育是一项长期的、艰巨的系统工程,需要建立健全完善的教育机制来确保它的切实开展。廉洁教育机制是高职院校廉洁教育科学体系中的管理体系的重要内容,它直接决定着高职学生廉洁教育目标的完成情况。对于多数高职院校来说,开展高职学生廉洁教育起步较晚,在动力不足的情况下进展缓慢,解决这一难题的关键就在于廉洁教育机制的建立和健全。完善的教育机制可以发挥各级各部门优势,层层分解任务,形成统筹安排、优势互补、整体推进的良好格局。

(一)加强领导组织建设

高职学生廉洁教育是高职院校学生党建和思想政治教育工作的一项重要内容,应纳入党委工作的整体规划,加强领导组织建设,切实把高职学生廉洁教育当成反腐倡廉的重要工程去完成。高职院校的各级领导干部要明确在学生廉洁教育中的责任,形成高职学生廉洁教育领导组织机制。

在高职院校党委的统一领导下,其他各部门应积极配合,形成高效协调的分工协作机制。当前高职院校的学生廉洁教育处于较为松散的组织管理实施状态,各职能部门时常出现互相推诿的情况。要强化各部门的责任意识,逐步形成一个环环相扣的廉洁教育工作网络,结合不同阶段不同内容廉洁教育的实际情况,做到分工明确、协作完成,稳步推动高职学生廉洁教育工作。高职院校纪检部门作为上级部门与学校廉洁教育的桥梁,应将国家反腐倡廉的相关要求与高职学生廉洁教育的实际活动相结合,成立学校廉洁教育领导小组,制定切实可行的工作思路与实施细则,不断深化廉洁教育的理论研究与实践探索。高职院校的思想政治教育部门,如思想政治教育部,应承担起具体实施廉洁教育的教学任务,不断研究廉洁教育进教材、进课堂、进头脑的可行办法,将廉洁教育融入高职院校思想政治教育体系。与此同时,高职院校各级党团组织、工会、教务处、学生处、各院系教学部门等应密切协作,在学校党委的统一领导下共同落实学生廉洁教育的具体工作,形成稳固长效的廉洁教育机制。

(二)加强保障机制建设

高职学生廉洁教育的良好有序开展离不开教育的保障机制。建立健全廉洁教育保障机制,主要应从以下三个方面着手:物质保障、制度保障和队伍保障。首先,应建立健全物质保障制度。物质保障主要是指资金的保障。高职院校应从学校总体布局和校园文化建设的整体格局出发考虑廉洁教育的资金投入,为廉洁文化建设投入相应的经费,确保廉洁文化基础设施建设、教材编写、课堂教学、队伍建设、科学研究等所需经费及时到位。其次,应从制度方面来确保廉洁教育的开展。高职院校廉洁教育领导部门应根据构建惩治防御体系的要求,根据高职院校师生的实际情况,制定一系列规章制度。可制定廉洁教育实施细则、廉洁文化建设制度等来明确各部门的职责和分工;制定干部廉政、教师廉教、学生廉学的"三廉"行为准则。最后,要抓好廉洁教育队伍建设。廉洁教育队伍的质量高低,直接决定了廉洁教育的成功与否。高职院校要动员全体教职员工参与到学生廉洁教育的队伍中来。

廉洁教育队伍建设的关键在于加强师德建设。观察学习理论认为观察学习的首要条件就是具备良好的榜样示范,榜样对于整个观察学习具有决定性的作用。高职院校的管理人员、行政人员和教师就是高职学生的榜样。因此,要从顶层开始规范教师的师德建设。学校管理人员要带头树立廉洁意识,坚决杜绝贪污受贿等以权谋私的行为,公开校务管理制度,在各项决策中做到民主透明,为全校教职员工树立廉洁榜样,一线教师作为直接面向学生进行廉洁教育的骨干力量,要严格遵守教师职业道德规范,以良好的廉洁形象教书育人。一线教师要严谨治学,抵制学术腐败,发扬求真务实的学术精神;要不偏不倚、公正严格地对待每一个学生;要增强历史使命感,充分挖掘廉洁教育内涵,创新廉洁教育方法,时时刻刻用廉洁观念影响学生。高职院校其他教育教学管理人员也应以身作则,办事公正,不谋私利,加入到营造校园廉洁氛围的队伍中来。高职院校还应督促所有教职员工树立终身学习的理念,积极参加各类廉洁方面的培训、交流和自我学习。

(三)加强监督考评机制建设

监督考评机制具有检查、督促、诊断、激励、调节、导向等作用。应设立相关部门共同对高职院校学生廉洁教育监督考评机构,制定监督考评实施标准,针对廉洁教育的管、教、学等各个方面进行监督、考评。具体来说,对高职学生廉洁教育的监督考评主要从三个方面进行。第一,对部门廉洁教育开展情况的监督考核。高职院校要将廉洁教育工作纳入学校整体工作部署之中,将各部门廉洁教育开展情况纳入部门考核体系。第二,对教职员工廉洁从教情况的监督考核。督导小组应定期组织听课、问卷调查、座谈会等考评形式对学校教职员工的廉洁教学活动和自身廉洁行为进行考核,并将考核结果与教职员工的评优评先、职称评定直接挂钩。第三,对高职学生廉洁自律情况的监督考核。学生廉洁自律的具体情况体现在在校期间的日常表现和实习过程之中,无法用简单的测试方式对这些情况进行评分。因此,一方面,要依据廉洁教育的目标和高职学生日常行为规范制定具体的考核标准,尽量细化、量化;另一方面,要对踏上实习岗位的学生进行跟踪调查,将他们在企业中的廉洁自律情况也作为考核的一部分。考评结果要运用于学生的评优评先、入党入团以及综合素质测评中。对学生廉洁自律情况的监督考评要最大限度地发挥激励功能,对考核优秀的学生应树立典型,加强宣传,对考核不尽如人意的学生应注重引导,调整廉洁教育的方式方法,鼓励他们向典型学习,争取进步。

二、创新高职学生廉洁教育方法

(一)探索项目式教学法在廉洁教育中的运用

它的主要思想就是通过项目来完成教学,项目是整个教学活动的主线,教师是项目的主导,学生是项目的主体,学生在参与项目的过程中积极探索创新,师生共同促进教学目标的实现。在项目式教学实施过程中,重点考虑教师如何发挥主导作用,学生如何发挥主体作用,如何让学生在完成项目的过程中实现教学目标。基于这些特点,项目式教学法是非常适合用于职业教育的。高职教育的发展方向和培养目标就是以就业为导向、以服务为宗旨,培养社会需要的技能型人才。当前高职院校的很多专业都已经开始采用项目式教学来培养学生的职业素质和综合能力,但将项目式教学用于思想政治教育尤其是廉洁教育的并不多见。但事实上,很多国家的廉洁教育已经采用了项目化运行的方式,极大地改善了廉洁教育的实际效果。某些国家从2001年开始实施了校园伦理道德教育示范项目,该项目在高中开设道德教育示范课程,通过各种不同的场景进行教学设计,学生们通过角色扮演来提高面对道德和腐败问题时的解决问题和决策能力。

将项目式教学法应用于高职学生廉洁教育,可以从社会层面和学校层面分别实施。从社会层面来说,政府、企业和学校可以联手推动,共同寻找一个适合高职学生参与的廉洁教育内容的切入点开发高职学生廉洁教育项目。如由地方相关部门牵头,企业资助,高职院校组织学生参加,整个项目由学生、教师、职业人士、纪检监察人员共同参与。这样的廉洁教育项目一方面可以让学生在形式多样的项目运行过程中体验廉洁文化,形成对廉洁教育的深刻感悟;另一方面可以在社会不同机构之间建立新的纽带,让更多的人参与到预防腐败的浩大工程中来,在整个社会形成崇尚廉洁的风气。从学校层面来说,教师可以在廉洁教育过程中,将与廉洁相关的具体内容设置为相应的项目,然后以学生为中心,以项目为主线,将廉洁教育内容融入项目中。学生在教师的指导下认真参加项目设计、项目执行和项目管理,最终以项目的完成情况来评价学生是否达到教学目标,教学任务也在项目实施过程中得以完成。具体实施过程中,教师可将班级分为若干个项目小组,每个项目小组选择一个教师设计好的与廉洁相关的项目,如以调查校园腐败现象为主题的"青年记者节"、以调查校外反腐倡廉基地的建设情况为主题的"寻找反腐足迹"等项目。项目小组成员自行分配具体任务,根据各自的任务进行资料收集、社会调查,然后对调查结果统计分析,小组成员讨论整理,撰写出研究报告,展示研究成果。整个项目研究过程都需要小组成员齐心协力、共同完成。学生不仅锻炼了动手实践的能力、解决问题的能力、创新的能力,而且对廉洁教育有了更直观的认识,于无形中消化了廉洁教育的内容。项目式教学法应用于高职学生的廉洁教育,真正实现了"以学生为主体,在做中学"的教育理念,突破了传统教学中以"教师、课本、课堂"为中心的教学模式,把学生放入某个与廉洁有关的任务执行的过程中,让学生主动地学习并通过自己探索的方式来自主地完成知识的构建,将理论与实践教学有机地结合起来,能够极大地提高廉洁教育的质量。

(二)积极运用互动式教学法

高职学生与本科大学生相比思想更活跃,但心理稍浮躁,求知欲强但明辨是非的能力不强。传统思想政治教育多用说教式教学方法对学生进行理论灌输,但这样的教育方法显然不适应高职学生群体,相反可能会引起高职学生的反感和逆反心理。实用主义教育思想明确指出,道德教育不能灌输,必须要遵循学生的心理发展规律。因材施教的教育思想也启发我们高职学生廉洁教育应当充分尊重高职学生的个性特点与主体地位,积极运用紧贴高职学生生活、学习环境的互动式教学法。传统教学是以教师讲授为主,互动式教学法就是要改变教师的一言堂,让学生参与到教学过程中来。教师和学生在教学过程中积极交流,互相探讨,共同促进教学效果的实现。例如,师生在课堂上可以围绕社会腐败现象互相展开提问,甚至可以采用辩论的形式来调动学生的学习积极性,摆脱高职学生被动学习的境地。这样的互动式教学能使高职学生主动积极地去思考廉洁教育的内涵和意义,能够在讨论的过程中不断了解廉洁教育,自己学会分析问题、解决问题,从而真正认识到腐败的危害,自觉形成廉洁意识。总之,在廉洁教育过程中采用互动式教学法能够同时锻炼师生理论联系实际的能力,有效刺激高职学生强烈的求知欲,变枯燥的知识讲授为生动的讨论学习。

(三)适当采用启发式案例教学法

启发式案例教学法是一种授人以"渔"的教学方法。它通过大量的案例分析,启发学生对问题的思考,引导学生的学习思路,通过正确的学习思路,学会学习的方法,去理解和掌握各个知识点。启发式案例教学法可分为正面案例的榜样示范教育和反面案例的警示教育,在实际运用过程中,要根据高职学生的承受能力适当地采用这两方面的案例。对高职学生进行廉洁教育,首要的还是通过先进典型榜样进行示范教育,来强化高职学生的廉洁修身意识。开展正面案例教育,要增强吸引力,从廉洁为民、甘于清贫的人民公仆身上汲取人格的力量和源泉,让廉洁榜样的高尚道德情操与人格魅力对高职学生产生潜移默化的影响。值得注意的是,在进行榜样示范教育时,要避免宣传的"假大空",所宣扬的正面典型事例太"高大全",仿佛成了为事业、亲情、友情、爱情皆可抛弃的理想人物。这种缺乏亲和力的榜样示范显得苍白无力,高不可攀,会让高职学生对廉洁教育产生望而生畏的感觉。因此,最好的榜样示范教育是挖掘高职学生身边的榜样来做示范。这些榜样不一定是职位很高的领导干部,他们只是普普通通的劳动者,在平凡的岗位上为人民服务,但他们身上同样可以体现出清正廉洁的高贵品质。例如,可以邀请各行各业的优秀毕业生来跟在校学生谈谈他们如何拒绝工作中的额外好处,等等。这种身边人物的现身说法,对高职学生来说更具说服力,不仅能引起高职学生的认同感,而且能帮助高职学生解决以后工作中的实际问题,必定会受到高职学生的欢迎。

高职学生,廉洁教育也要充分运用警示教育。现实中的很多案例能够给高职学生深刻的警示教育。运用反面案例对高职学生进行教育时,决不能仅停留在罗列各种消极腐败现象上,而应对产生腐败现象的思想根源和对社会造成的危害进行深度剖析,引导高职学生真正懂得"勿以恶小而为之"的深刻道理,从案例中得到警示,学会通过案例去思考,增强同腐败现象进行斗争的自觉性。但是,在进行警示教育时,一定要把握适度原则。因此,对涉世未深的高职学生进行廉洁教育应该与公务员的廉洁教育严格区分,尽量不使用过多的警示教育。在使用反面案例进行警示教育时,重点是要进行案件剖析,让高职学生能够吸取教训,坚定信念,让他们充分地认识到腐败行为最终会害人害己。

(四)充分挖掘自我教育的潜力

真正的教育就是能够激发出自我教育的教育。教育的目的是达到不教育。观察学习理论也强调了观察者的主观能动性对于观察学习的重要性,认为学生内心的愿望是学生学习的最大动力。这些理论都提示我们,高职学生廉洁教育不能仅仅依靠外部教育,忽视高职学生的自我教育。自我教育的潜力是无穷的,要重视高职学生自我教育能力的发展,充分挖掘高职学生自我教育的潜力。一方面,要通过各种教育活动,培养高职学生的自我控制能力,让他们能够自觉调节和控制自身的心理和行为。要给高职学生以充分自由的空间,调动其自我表达的积极性,如组织参观考察,自编自导廉洁戏剧,创作廉洁书画作品,等等。要让高职学生在自我体验中真正感受到廉洁是自身发展的内在需要,学会用意志力调节自己的心理状态,从"要我廉洁"真正转变为"我要廉洁"。另一方面,应充分信任学生、放手学生、发动学生,充分发挥高职学生在管理上的自主性,积极调动学生参与自我管理。一是可在高职院校廉洁教育机制中通过竞聘或志愿的方式吸收一定数量的学生参与,如廉洁教育活动的策划、组织、考评、监督等,让学生真正参与到学校廉洁教育的每一个环节。二是可在校内成立各类学生自律组织和机构,如学风自律、行为习惯自律、文明礼仪自律组织等,由学生参与管理和监督,倡导全校师生的廉洁自律行为。实现学生管理上的自主性,要充分发挥党团员和优秀学生干部的模范带头作用,以及各级党团组织和学生会、学生社团的组织优势。高职院校要为学生的自我管理创造良好的环境,使学生敢于管理、乐于管理。这样既锻炼了学生的管理实践能力,又将廉洁的价值取向和道德内涵以直观的形式展现在学生面前,具有极大的说服力。学生在自我教育和管理中互相监督、互相约束,共同提高和进步,很好地提高了廉洁教育的实效性。

三、拓展高职学生廉洁教育载体

(一)在高职课程体系中渗透廉洁教育

课程是高职院校人才培养的核心环节。高职学生在校学习知识主要是通过课程来实现的,在高职课程体系中渗透廉洁教育,更有利于高职学生廉洁教育落到实处。高职院校要充分发挥课堂教育在廉洁教育中的主渠道作用,发挥思想政治理论课程、文化素质课程、专业课程等课程体系的重要作用,认真研究廉洁教育与这些课程体系的关系,找到它们之间的结合点,将廉洁教育合理地融入课程体系。

1.在高职思想政治理论课中渗透廉洁教育

高职学生廉洁教育与高职学生思想政治教育具有一致性,说明对高职学生开展廉洁教育,并不需要独立于思想政治教育体系之外另起炉灶,而是可以在思想政治理论课程体系中全面渗透廉洁教育。廉洁教育与高职思想政治理论课结合,应做到纵向上纵贯学制全程,横向上立体融入。首先,纵向上廉洁教育应贯穿高职学生在校的三年学习生涯。新生开学的第一堂思想政治理论课,教师就应引导学生制定以"诚信、诚学"为主题的"廉学"规划,使新生入学伊始便接受廉洁做人理念的熏陶。学生在校学习期间,教师应在思想政治理论课中适时引入廉洁文化的内容,注重分析讲解,全面铺开廉洁教育,让廉洁的价值取向通过思想政治理论课堂进入学生的头脑。毕业生离校之前的思想政治理论课,教师应以"踏实工作,清白做人"为主题为学生上好高职最后一堂课。通过由始至终的连贯教育,做到对高职学生"进入学校提要求,过程之中有提升,踏上社会有提醒",实施好对高职学生的全程廉洁教育。其次,横向上廉洁教育应分门别类,与高职思想政治理论课的每一门具体课程相结合。高职思想政治理论课目前包括《思想道德修养与法律基础》(以下简称"基础课")、《毛泽东思想和中国特色社会主义理论体系概论》(以下简称"概论课")、《形势与政策》这三门课程。在基础课上应引导学生树立正确的世界观和人生观,形成远大的理想抱负;树立清正廉洁的道德品质和爱岗敬业的职业道德;学会在职业生涯中恪守法律法规,廉洁奉公。在讲到这些问题时,教师应强调腐败对于党和国家的危害以及中国共产党反腐倡廉的理论与实践,引导学生树立坚定反腐倡廉的决心和反腐败斗争胜利的信心。形势与政策课一般没有固定教材,总是根据最新的国际国内形势对学生进行思想政治教育。从当前我国大力度的廉政建设实际来看,廉洁教育无疑也应成为这门课的重要内容。教师应结合党的先进性建设,用最新的反腐倡廉政策、最切实的案例,反映党的廉政建设的最新情况,让学生正确认识廉洁的重要性。

2.在高职文化素质课程和专业课程中渗透廉洁教育

高职院校的很多文化素质课程和专业课程中都蕴含着丰富的廉洁教育资源,廉洁教育不能仅仅依靠思想政治理论课,也应渗透到各类文化素质课程和专业课程之中去。文化素质和专业课教师应注意挖掘这些课程中的廉洁素材,不断丰富廉洁教育的内容,在各类课程中灵活巧妙地渗透廉洁教育。一方面,可以使学生通过课程拓宽知识面,感受到中外文化的博大精深,另一方面,学生会在潜移默化中加深对廉洁的理解。古今中外的文化中有很多可供挖掘的廉洁教育教材。例如,在文学鉴赏课上教师可以通过对一些官场小说的解读引导学生关注腐败的特点和腐败产生的环境,在影视鉴赏课上将反映当前社会热点问题的影视作品呈现给学生,提出其中的某些腐败人物和现象让学生进行讨论,帮助学生澄清是非观念,培养他们积极健康的价值观。

在高职专业课程中渗透廉洁教育,主要是结合各专业学科特点,针对该专业适用的岗位上有可能出现的腐败行为和腐败现象对高职学生进行警示教育。专业课教师要充分考虑到本专业的特点,重点对学生进行本专业的职业道德和职业法纪法规教育,使学生对自己将来所从事职业的社会价值产生自觉的认识,深刻意识到自己肩负的社会责任和使命。要根据不同专业,对学生分别提出具体目标和要求,如针对汽车保险专业学生可进行保险从业人员资格和纪律的教育,告诫学生在实际工作中不拿回扣;针对医务专业学生可进行医学伦理学和医学道德的教育,将社会热点的医患关系问题和医务人员职业道德结合起来进行讲解。这些更具针对性和实用性的廉洁教育,比起空洞的理论更能够触动高职学生的内心,引起他们的共鸣,能够帮助他们一点一滴地树立起健康的职业理想和职业道德,在学习知识的过程中不断提高廉洁观念。

(二)积极开发利用网络等新媒体载体

新媒体有别于传统的广播、电视等媒体形态,它的出现依赖于新的技术支撑,如数字广播、数字电影、移动电视、网络、桌面视窗、数字电视、触摸媒体等。具相关报告显示,学生依然是中国网民中最大的群体,其中大专学历和本科学历的网民分别占比 10.1% 和 10.8%,同时手机网民数量持续增长,高流量手机应用拥有越来越多的用户。在我国,大专学历的学生主要是高职学生。目前高职学生几乎都已经将互联网、等新媒体作为获取信息的主要渠道。因此,高职学生廉洁教育要积极开发利用网络等新媒体手段,善于利用网络资源,积极抢占网络廉洁教育阵地,让高职学生时刻能感受到廉洁教育的氛围。充分开发利用新媒体进行高职学生廉洁教育,可从以下几方面着手:

1. 打造网络廉洁教育平台和教学资源中心

高职院校可根据高职学生对新媒体的需求和喜好建设校园廉洁教育网站和教学资源中心。要依据廉洁教育内容的特点,将廉洁教育的核心内容通过图形、图像、文本、音频和视频等多种现代化手段在网络上呈现出来。慕课,一种新近涌现出来的大规模在线课程开发模式,也很适合作为廉洁教育的平台。和所有的网络课程一样,廉洁教育网络平台也包括教学指导、帮助、测试等,如最新观点、教学成果、名师讲座等,同时设有在线论坛、电子信箱等,使学生能够和教育者实现实时的、平等的交流互动,通过对网络平台的精心设计和完善教学资源,将枯燥的理论知识变为生动的网络资源,化抽象为具体,使之成为高职学生乐于主动接受的廉洁教育课堂和阵地。

2. 构筑校园新媒体正面"舆论场"

除了廉洁教育网络平台,高职院校也应充分利用网站、博客、论坛、微博、QQ、飞信、短信、微信等新媒体积极开展以廉洁诚信为主题的廉洁教育活动,构筑校园新媒体正面"舆论场"。高职院校要占据信息发布的制高点,主动向高职学生发布国家反腐倡廉的最新政策和动态、廉洁教育的活动信息等,正面引导网络舆论。可借助有影响力的综合网站和校园网对学生开展廉洁教育,如在校园网中开辟"反腐倡廉大家谈"栏目,邀请同学们对廉洁教育畅所欲言,积极交流自己的观点和想法。目前很多高校已经开通了手机党校,高职院校也可利用手机党校这一新媒体平台定期向师生发布廉政教育和廉洁教育的相关知识。在遇重大事件时,亦可通过飞信、QQ群、微信群等途径向高职学生传递廉洁教育的正面宣传案例。校园新媒体正面"舆论场"不仅有助于营造良好的校园廉洁氛围,而且便于及时了解学生的廉洁思想动态,能够及时反思和调整廉洁教育方式。

3.科学管理新媒体教育阵地

新媒体自身存在的极高的开放性、极强的交互性、传播的多媒体化,使得对于新媒体的管理变得十分复杂。为此,廉洁教育组织部门要认真学习国家关于互联网管理的各项法律法规和各项规章制度,运用技术、行政和法律手段,对校园网等新媒体进行科学管理,严防各种有害信息在网上传播。要定期开展校园网等新媒体的整治工作,在开展廉洁教育的同时最大范围地在高职学生中间开展安全网络教育,最大限度地保证网络信息的健康、安全,切实为高职学生营造一个健康、安全的网络环境。

(三)营造"廉荣贪耻"的高职校园文化

"学校即社会",学校组织的活动就是社会活动,学生应将学校视为一种社会生活方式,在学校活动中提高参与社会活动的能力。每一所高职院校都是一个社会,每一所高职院校的校园文化都对高职学生有着耳濡目染的感化作用。校园文化是高职院校内涵建设的重要内容之一,体现着高职院校的"软实力"水平。校园文化活动形式多样,对学生吸引力大,可参与性强,是高职学生喜闻乐见的全面提高自身素质的重要方式。

美好的校园环境可以促进学生更好地接受教育、发展身心。廉洁文化的熏陶力可以随着校园环境的改造发挥独特的功能。调查中,有58.73%的高职学生更倾向于通过校园活动来接受廉洁教育,可见校园文化氛围的营造能够很好地推动廉洁教育的开展。校园廉洁文化环境包括物质文化环境和精神文化环境两个方面。校园物质文化环境涵盖了校园的花草树木、教学场所、仪器设备、亭台楼阁等等,是对学校历史和变迁的见证,师生员工对它们有着深厚的感情的归属感。高职院校可以在学校的建筑规划和环境布置等方面凸显廉洁文化的氛围,以教学办公场所和学生公寓为宣传主阵地,通过宣传栏、廉政警示牌、板报、简报等形式图文并茂地展示廉政思想、廉洁格言、廉政模范事迹等。要将廉洁文化融入校园丰富多彩的文化活动中,如开展廉洁主题教育,通过知识竞赛、征文、板报设计、图片展、合唱、戏曲、美术、书法、摄影、辩论、演讲、小品、心理剧、校史校情教育等形式,真正使廉洁教育对高职学生的价值观和行为取向产生潜移默化和的长久深远的影响。如无锡某高职学院"陶"与"廉"相融合的校园廉洁文化,就是廉洁文化与校园文化结合的有益尝试。该学院位于千年陶都宜兴,陶文化是其校园文化的精髓,学院在廉洁文化建设过程中有意识地将陶瓷艺术品真金不怕火炼的特质与党员干部保持清贫本色联系起来,用陶来诠释廉,用廉来表现陶,并开展了丰富的以"廉"为主题的陶艺制作、陶艺展示、绘画、书法、演讲等比赛,树立了特色校园廉洁文化品牌。这种既具有历史地域特色,又集艺术、文化、科技、道德于一体的廉洁校园文化能够唤起高职学生对校园文化氛围的认同感,加强对廉洁文化的体验和感悟。

四、优化高职学生廉洁教育的环境

(一)营造全方位的社会育廉环境

系统论认为,任何系统都是在系统整体、各要素以及环境的共同作用下不断变化运动的。社会环境是一种潜在的教育因素,对于高职学生形成廉洁意识,养成廉洁行为习惯具有重大的意义,能够更好地促进高职学生廉洁教育这一系统的有序运行。在一个重道德、讲法律的社会中,人人都按照规范去把握自己的言行,这样的社会环境是清明和谐、诚信温暖的,生活其中的成员共享此环境,人人在其中耳濡目染,互利共赢的和谐氛围由此产生。

1. 完善反腐倡廉的社会监督体系

反腐倡廉建设,主要依靠专门职能部门和机构的力量,也要充分发动社会监督的力量。国外治理理论对反腐败实践的启示就是要求社会多元主体积极参与和协作反腐败建设,提出的建立"国家廉政体系"。社会监督也是"国家廉政体系"中的重要一环,它对腐败的制约能够起到独特的作用。因此,要重视社会监督,完善社会监督体系,畅通电话、网络等渠道,让人民群众能够及时反映情况,使腐败无处藏身。事实上,群众和舆论的监督作用,在近年来的反腐败斗争中,发挥着非常显著的作用。青年大学生也已经开始参与到反腐败的社会监督中来了。2012年,三位在校本科大学生,分别向有关部门申请公开曝光三名官员的工资收入。这体现了青年大学生的社会监督意识正在逐渐形成,也倡导全社会用更理性的方式参与其中。高职学生在这方面还是相对薄弱的,全社会要共同努力,搭建社会公共平台,畅通渠道,对高职学生提供的意见及时反馈。通过亲身参与社会监督,高职学生才能真正将廉洁教育的成果转化为行动,将廉洁意识落实到自己的生活中。

2. 充分挖掘社会廉洁教育资源

廉洁教育若能充分挖掘社会资源,定会事半功倍。首先可根据不同的教育内容选择相应的廉洁教育场所,例如邀请高职学生到法院听审、参观廉洁教育基地等。其次要充分挖掘企业的廉洁教育资源。高职学生有将近三分之一的学习是在企业实习过程中完成的。在实习过程中利用企业对学生进行廉洁教育,是最贴近现实最立竿见影的。因此,高职院校要与企业工作人员联手挖掘;企业的廉洁教育资源,向学生宣传企业文化和员工守则,讲解企业运行过程,强调每位企业员工遵章守纪的重要性,凸显廉洁从业对每位员工自身和对企业的重要意义,用企业中活生生的案例来提醒学生以廉为荣,爱岗敬业。

(二)促进家庭教育与学校廉洁教育的良性互动

家庭是构成社会的基本单位,也是构建和谐社会的基础,家庭教育在高职学生的成长过程中起着无可替代的重要作用,家庭教育要与廉洁教育良性互动,共同促进高职学生廉洁意识的养成。首先,家长应率先垂范,树立廉洁榜样。一个廉洁的家长是孩子最生动形象的正面教材,胜过任何老师的知识讲解。国廉则安,家廉则宁,家中的廉洁风气对于家庭和整个国家都有重要的影响。家长要本着对子女负责任的态度,着眼长远,用言行一致的廉洁表现教育高职学生不断提高自身修养,尤其是在思维活跃、个性张扬的高职学生面前,要多用实际行动来向他们进行示范,无论身居何种官职与地位,都依法办事,廉洁从政。同时,家长也应注意对高职学生吃苦耐劳品质的培养,教导他们只有自食其力,通过自己的辛勤劳动才能换来美好的生活。其次,家庭与学校应加强沟通,共育廉洁人才。家长将孩子送进高职院校以后,将所有的教育责任都推给学校。家庭与学校的沟通也尤为重要,高职院校要将学校廉洁教育的目标、方向及学生在校表现及时反映给家长,呼吁得到家长的配合教育和帮助。同时,家长要为高职院校廉洁教育出谋划策,要将高职学生的思想动态及时反馈给高职院校,共同关注高职学生的健康成长。

(三)形成社会、学校、家庭廉洁教育的合力

社会、学校、家庭在高职学生廉洁教育中均具有各自独特的优势,但在廉洁教育开展过程中相互间需要密切合作,共同形成科学的资源整合机制、互动的综合育人体系。开展高职学生廉洁教育是一项长期而艰巨的工程,只有形成社会、学校、家庭廉洁教育的合力,对接好社会、学校、家庭教育的相互衔接,整体构建内外联动的运行机制才能建筑廉洁的社会主义道德大厦。要充分发挥高职学校教育的主渠道作用,持续利用校内廉洁讲坛、校园文化活动解除高职学生对于反腐败的疑虑、悲观、排斥情绪,不断提高学生自我教育的自觉性。要通过多种有效通讯方式与高职学生家长及时沟通联系,充分调动家长参与廉洁教育的积极性和创造性,使他们在子女的廉洁意识养成过程中起到良好的促进作用。要构建社会反腐倡廉教育大宣教格局,通过社会舆论宣传引导高职学生重视廉洁教育;建立定点化、常态化的适应高职学生特征的社会廉洁教育实践基地,开展常规化的廉洁教学实践活动,形成全方位、多层次、立体化的廉洁教育格局,让高职学生在深入了解社会、走进社会的基础上,增强反腐倡廉的时代责任感;明确社会相关组织和管理部门的廉洁教育责任,更充分地运用各种手段对高职学生廉洁教育进行规范和调节,充分利用社会宣传渠道,不断地为高职学生廉洁教育营造良好的社会舆论氛围。

五、打造可持续发展的高职学生廉洁教育

可持续发展的高职学生廉洁教育,就是要通过廉洁教育,培养高职学生良好的品质,培养高职学生对国家现代化发展的认同感,促进我国社会文明和谐地发展,同时有序发展的社会又能够源源不断地支持和保障廉洁教育的开展。因此,要从以下两个方面加强高职学生廉洁教育。

(一)紧扣高职学生特点开展廉洁教育

遵循高职学生发展规律,贴近高职学生思想行为,是在高职学生中开展可持续发展的廉洁教育的首要基础。因材施教教育思想认为教育要在了解学生身心特点、遵循学生自身的智力、能力和知识水平的基础上去实施。只有真正满足高职学生自身需求的廉洁教育,才能获得高职学生的认同,从而长久地开展下去。

1.廉洁教育与解决高职学生实际问题结合

高职学生廉洁教育要以人为本,把为解决高职学生的实际问题融入廉洁教育中,让高职学生真正体会到廉洁教育的内容和自身利益息息相关,真正理解廉洁教育归根到底是为了促进个人的全面发展。廉洁教育的目的是通过实现学生自身的全面发展形成人人廉洁的社会,最终实现人与社会的和谐发展,这也是与马克思主义人的全面发展理论在根本上是一致的。因此,廉洁教育不应该是大话空话,不能脱离高职学生的实际问题唱高调,它应该在日常生活中是实实在在能够为高职学生解决实际问题和思想困惑的。高职院校应在新生入学教育、学生日常管理、贫困生资助工作、评优评先工作、顶岗实习离校教育等具体过程中适时开展诚信教育、文明养成教育、知恩感恩教育等一系列与廉洁教育一脉相承的思想政治教育,引导高职学生不畏困难、清白做人、自立自强、艰苦奋斗。

2.廉洁教育与高职学生的职业教育结合

高职学生廉洁教育不是孤立地存在,其实效性的提升在于运用多种形式进行广泛的渗透,尤其是要与高职学生的职业教育相结合。高职院校培养的人才应该是为我国社会主义现代化建设服务,具备综合职业能力和职业素质,能够直接到第一线工作的复合型人才。要将廉洁教育渗透到高职学生的就业指导教育中去,帮助高职学生树立正确的就业观和择业观,鼓励高职学生通过合法公平的方式去求职就业,提醒高职学生在就业过程中诚实守信。在学生顶岗实习期间,在加强对高职学生知识技能培养的同时,更要加强对高职学生的职业责任感和奉献精神的培养。要增强学生的服务观念,强化纪律意识,树立爱岗敬业的思想。学校应密切联系用人单位,与用人单位共同加强对学生的监督考核,定期考查学生在工作岗位上的态度和表现。

3.廉洁教育与高职学生的社会实践结合

高职学生在理论课堂上接受的教育相较于普通本科大学生要少,他们更多的是边做边学,在做中学。因此,对于高职学生,社会实践方法往往比理论灌输方法更能引起他们的共鸣。廉洁教育要遵循高职教育的特点,通过多种途径与高职学生的社会实践相结合,让高职学生在社会实践中接受廉洁教育的熏陶。高职学生的社会实践活动应不拘形式,拓展内容。为了更好地开展社会实践,社会和学校可加强高职学生廉洁教育社会实践基地的建设,可让学生深入社区或社会廉洁基地、相关部门等参观考察,或成立学生廉洁志愿者小组,通过发放宣传册、自愿签名、文艺演出、送法下乡等方式,做好党风廉政建设方面的方针政策的宣传,认真学习思考如何开展反腐倡廉教育,实现廉洁教育从传统单一的说教式向讨论式、参与式等多样化方式进行转变,让同学们亲身感受课堂上讲的理论在社会生活中的真实状态,加深对廉洁观念的认同感。

(二)以廉洁教育引领社会风尚

要注重廉洁教育对社会风尚的引领作用。脱离社会的支持,高职学生廉洁教育就缺乏了可持续发展的强大依托。高职学生廉洁教育与社会的和谐发展是融为一体的。梦想在前方,路就在脚下,"中国梦"具有丰富的内涵和多重维度。在反腐倡廉视角下,"中国梦"的实现不仅需要脚踏实地、自强不息,更需要清正、廉明、社会和谐。"廉洁"意味着权利公平、预示着机会公平、彰显着规则公平,在全社会推进廉洁文化建设是实现"中国梦"的中流砥柱。高职学生廉洁教育的成果要扩大到整个社会,要让高职学生参与社会廉洁教育的大环境,在社会各行各业各类组织中积极宣传廉洁文化和相关法律法规。例如,让设计专业的高职学生参与设计以廉洁为主题的公益广告,向全社会推广优秀创意,使高职学生在锻炼专业技能的同时接受廉洁教育的熏陶,并获得社会的认可。这将极大地激发高职学生参与廉洁教育的兴趣。只有将高职学生廉洁教育融入社会文明发展的大背景中,以廉洁教育引领社会风尚,廉洁教育才能获得永久的生命力,真正促进高职学生和整个社会的全面进步。

第九章

新媒体环境下网络文化与高职院校校园文化建设

第一节 网络文化的基本内涵

根据相关数据统计显示,截至 2021 年,我国网民规模达 10.32 亿,互联网普及率为 73.0%。在这庞大的网民群体中,以 10～39 岁年龄段为主要群体,比例达到 78.4%;其中,20～29 岁年龄段网民的比例高达 31.4%。举目校园,几乎已经没有不接触、不使用网络的角落了;可以说,我们已经进入了一个信息时代、网络时代。我们的校园,正在发生着方方面面的变化,而其中,最引人注目也最有影响力的正是网络。

网络本是一种信息技术,但它一经渗入经济和社会生活,其价值就不仅仅限于技术层面,而是具有更深层次的文化意义,特别是在高校校园里,文化的发展与建设本身就是一项重要的活动和任务。文化的发展与建设离不开传播媒介的影响。作为信息时代的主要传播媒介,网络在高校校园文化的影响与建设中的地位和作用日益突出,尤其是对高校师生的价值观念、学习方式、行为方式的影响最为深刻。毫不夸张地说,"数字化生存"已日益成为大学校园的主流教育和生活方式。与此相对应,作为折射大学生精神世界的校园文化,其形式和内容自然会发生某种变化,这种变化,就是具有鲜明的网络特征,也即网络文化。从这个意义上说,高校网络文化的产生、发展是必然的,同时也是积极的,它是传统校园文化在新媒体领域的延伸,是校园文化的多样化展现。

具体讲,高校网络文化是指高校校园与互联网紧密联系的一种文化形态,可以分为网络物质文化、网络制度(行为)文化和网络精神文化三个要素。网络物质文化是指以计算机、网络、安防体系、网络界面环境等物质基础的建设；网络制度（行为）文化包括与网络有关的各种规章制度、组织机构、管理方式，以及通过行为准则、行为引导等重点培养师生利用校园网络获取信息，进行信息交流等行为习惯和行为方式；网络精神文化主要包括网络内容及其影响下的师生员工的价值取向、思维方式等。

第二节　网络文化的特征

网络技术使教育发生根本变革，日益成为大学生获取知识和各种信息的重要手段。与传统校园文化相比，网络文化具有以下特点：

一、丰富性

网络出现以来，人类可以了解或者获取的知识和资料成几何倍数增加。大量网上信息为人们学习、研究提供了丰富的资源，开拓了人们的眼界，也丰富了人们的生活。同时，这种丰富性不仅体现在内容上，也体现在表现方式上。网络集聚了其他媒介特征，可同时呈现文字、图片、声音和影像。

二、开放性

在网络世界中，传统意义上的"疆域"正在消弭，"地球村"正在向我们走来，我们可以与世界同步了解校园内外任何一个角落发生的事情；在网络世界中，传统意义上的"约束"也在消弭，任何观点、任何思想、任何文化价值观都可因创建者个体的意愿在网上输出和传播。这种极大的宽容与自由，形成了网络文化形式与内容的开放性特征。

三、交互性

在互联网出现以前，媒体的传播交流方式基本上都是单向的，网络改变了这一切。在网络中，每一个网民不仅是信息资源的消费者，同时也是信息资源的生产者和提供者。人们获取信息的方式由传统的被动式接受，变为主动参与、主动传播、主动交流，提高了信息的传播效果。

四、个性化

文化主体个性化的特征，在网络文化中发挥得淋漓尽致。由于网络的虚拟性和匿名性，一定程度上为网民充分展现自己的个性提供了广阔的舞台。这也从一个侧面可以解释为什么现在微博、微信等社交媒体是如此红火。网络上没有既定的价值标准,与现实生活相比,人们在网络上更加容易接纳一些与众不同的观点和态度。

五、不可控性

上述网络文化的特性,为其不可控性提供了最好的注解。传统媒体运营中,信息在发布前都要经过一定程序的审核,进行把关。但在网络世界中,大多数情况下是没有这个环节的,信息的发布和传播是"未过滤的",是"即时的"。所以,也就不难理解"网络谣言""网络暴力"等事件层出不穷。

第三节 高职院校网络文化建设的有效途径

地方高职院校网络文化建设既要遵循高校网络文化建设的一般规律,又要突出其个性特征,只有这样,才能推动校园网络文化持续、健康、快速地发展。

一、高校网络文化建设的一般规律

(一)改善校园网络物质文化建设

保障校园网络文化建设资金的投入,加快数字化校园建设步伐。主要包括校园网络实体建设和信息管理系统的开发,主要目标是实现教学、科研、办公和管理的自动化。需要指出的是,在硬件改造的同时,安全防护建设也必须同步进行,以确保校园网络文化稳定运行和信息安全。应打造一批寓教于乐的精品网站和栏目,激发师生兴趣,提高师生对校园网络的关注度。

(二)强化校园网络制度(行为)文化建设

认真贯彻和落实国家、省市颁布的校园网络文化有关指导文件或指示精神,进一步建立健全校园网络文化制度和网络管理制度。要注重将这些制度"数字化",使师生能通过网络了解网络相关知识,提高师生对校园网络文化各项管理制度的认知。通过讲座、微博、微信公共平台、广播、宣传栏等形式,大力宣传校园网络法律法规,增强师生的法治意识、责任意识和安全意识。通过网络素养教育,引导师生正确对待、使用网络信息;同时还要注重通过丰富多彩的校园文化活动引导师生树立积极、健康、广泛的兴趣爱好,防止网络沉迷等不良现象的发生。

(三)注重校园网络精神文化建设

校园网络是思想政治教育和文化宣传的主渠道和有力阵地,要深思主动占领网上舆论阵地之策。首先,要加强社会主义核心价值观教育,利用主流文化作引领,稳固校园网络文化阵地。其次,要把校园网建设成为吸引力大、影响力强的德育网站和时政新闻宣传平台,使其发挥开展网上思想政治教育的功能。最后,要注重利用网络丰富性、开放性和交互性等特点,创新思想政治教育方式,提高教育效果。

二、地方高职院校网络文化建设的个性特征

地方高职院校网络文化建设与地方高职院校特性密不可分。与其他举办本科教学的高校相比,地方高职院校具备两个最明显的特征,一是地方性,二是职业性。这也就决定了地方高职院校在网络文化建设的过程中,必须紧紧围绕地方性和职业性特征,展现个性魅力,提高建设成效。

(一)地方性特征的凸显

地方高职院校网络文化建设的地方性,主要通过两个途径来强化和凸显。一是要在网络文化建设过程中,加强地域文化的传播与教育,提高师生对学校所在地的文化认同。以学院为例,在川东文化建设过程中,就可以利用网络,通过多种方式,开展丰富多彩的传播与教育活动,与线下各种川东文化教育宣传活动相配合,提高师生的认知度。二是要在网络文化建设过程中,加强对学校精神层面的教育,提高师生对所在学校的文化认同和价值认同。要注重凝练学校个性特色,利用校园网络对校训、学校精神、办学理念、教风、学风、发展目标等进行折射和延展,用来激励、感召、启发、诱导师生,进一步深化校园网络文化精神。

(二)职业性特征的凸显

高职院校具有与其他举办本科教学的高校不同的、强烈的"职业性"特征,在校园网络文化建设的过程中,这一特征只能强化,不能边缘化。高职教育"以服务为宗旨、以就业为导向,走产学研相结合的发展道路"的指导思想和"工学结合、校企合作、顶岗实习"的人才培养模式明确告诉我们,要培养高素质技术技能型人才,就必须培育有鲜明高职特色的学校文化。这个"高职特色"就是"职业性"。高职院校校园网络文化的"职业性"特征就是基于校企合作、产教融合的高校校园网络文化。在高校校园网络文化的基本氛围中,产业文化进校

园,企业文化进课堂,手脑并用,教学做合一,崇尚社会实践、企业实践,开门办学,注重应用,构成了地方高职院校独特的网络文化品格。

地方高职院校网络文化建设要植根于自身办学的显著特征,在地方性、职业性兼具应用性上下功夫,只有这样,才能形成具有鲜明特色的大学文化。

参考文献

[1]赵军.高职校园文化建设概览及实务[M].成都:西南交通大学出版社,2015.

[2]刘光明.企业文化塑造——理论·实务·案例[M].北京:经济管理出版社,2007.

[3]洪震.构建高职校园文化突出职业教育特色[J].教育与职业,2005(20).

[4]王建永.高职特色的校园文化建设探究[J].成都大学学报(教育科学版),2007(7).

[5]陈育林,李晓明.高职校园文化建设理论与实践[M].北京:中国林业出版社,2016.

[6]钱莹,赵清,张臣.校园文化建设和管理工作研究[M].-沈阳:辽海出版社,2019.

[7]邱淑永.新媒体背景下高校校园文化建设创新性分析[J].湖北函授大学学报,2018,31(19):46-47+52.

[8]郭昭君,荆海涛.高校校园文化建设与大学生能力培养的机制研究[J].教育现代化,2018,5(41):295-296.

[9]李素娇.高校教育管理工作中如何做到"以人为本"[J].吉林省教育学院学报,2018(12):139-141.

[10]冯刚,孙雷.新时代高校校园文化建设概论[M].北京:光明日报出版社,2018.

[11]习近平.在全国高校思想政治工作会议上强调把思想政治工作贯穿教育教学全过程开创我国高等教育业发展新局面[N].人民日报,2016-12-09.(1).

[12]习近平.在北京大学师生座谈会上的讲话[N].人民日报,2018-05-02.

[13]崔金赋,冯志宏.中国传统文化核心思想与高职院校文化校园建设[M].北京:中国铁道出版社,2015.

[14]邴正.当代人与文化——人类自我意识与文化批判[M].长春:吉林教育出版社,1998.

[15]陈华文.文化学概论新编:第2版[M].北京:首都经济贸易大学出版社,2013.